从无知到有产：你的知识能变现

李　智　蒋点宏◎著

陕西新华出版

太白文艺出版社·西安

图书在版编目（ＣＩＰ）数据

从无知到有产：你的知识能变现 / 李智，蒋点宏著 .

西安：太白文艺出版社，2025. 1. -- ISBN 978-7-5513-2939-2

Ⅰ. F713.36

中国国家版本馆 CIP 数据核字第 2025U8Z091 号

从无知到有产：你的知识能变现

CONG WUZHI DAO YOUCHAN:NI DE ZHISHI NENG BIANXIAN

作　　者	李　智　蒋点宏
责任编辑	何音旋　王浩伟
封面设计	宁　萌
版式设计	宁　萌
出版发行	太白文艺出版社
经　　销	新华书店
印　　刷	四川科德彩色数码科技有限公司
开　　本	880mm×1230mm 1/32
字　　数	145 千字
印　　张	8.25
版　　次	2025 年 1 月第 1 版
印　　次	2025 年 1 月第 1 次印刷
书　　号	ISBN 978-7-5513-2939-2
定　　价	89.00 元

如有印装质量问题，可寄出版社印制部调换

联系电话：029-81206800

出版社地址：西安市曲江新区登高路 1388 号（邮编：710061）

营销中心电话：029-87277748 029-87217872

《从无知到有产》的第一到第六个阶段，相比《易经》中所讲的乾坤两卦中开悟人生的六个阶段更接地气、有更多实践案例、提供了更有效的方法。为处于互联网变革时期的"有知无产者"的朋友们，提供实际操作方法。有效地解决了生活中的经济问题，为大家的幸福之路，打下了坚实的基础。

——雅符博物馆副馆长　**王俊超**

两位作者结合自己多年来的创业经验，把《从无知到有产》打造成了一本指引个人成长与财富创造的宝典。在"超级个体"越发重要的未来，要想在竞争激烈的市场中脱颖而出，实现个人价值的最大化，首先就要发现并培养自己的兴趣与才能，从而实现精准的个人定位，并朝打造个人品牌、建立独特市场 IP 的方向迈进。在这个过程中，再通过一系列实用的策略和技巧，将个人品牌转化为能够受市场欢迎的付费产品。而本书正好为读者介绍了很多实用的工具与方法，非常适合读者们边读边用，是一本不可多得的创业者实用手册。

——荣途·耀客汇创始　**邓添维**

古语云："高手在民间，草根出神仙。"当今的自媒体时代，让许多埋没在民间的高手们有了崭露头角的机会，让他们有机会通过知识变现成为时代的弄潮儿。

然而依然有许多有实力的高手们因不了解新媒体的运营而被硬生生地阻挡在了成功的门外。

在本书中，两位作者以自己多年躬身入局的实践经验，见招拆招地创造出通过打造个人 IP 实现知识变现的具体路径，若是一位想要在新媒体时代轻创业却无处着手的朋友，看完此书，定会拨开云雾见天日！

——童礼馆国学创始人　左左

这本书真的太及时了！作为视障儿童家长组织，我们有一些善于学习勇于实践的家长，他们积累了很多知识和经验，需要传递给新手家长让他们树立信心少走弯路，但却苦于不知如何把这些知识和经验变成系统化的课程进行大量的传播和复制，这本书正好打开了思路，交给了方法，让我们有信心把若干家长的碎片化经验梳理成课程，让更多视障儿童家长获益。

——四川省盲人协会视障儿童家长委员会秘书长
成都玄同社会工作服务中心主任　朱文

两位作者创作的《从无知到有产——你的知识能变现》令人叫绝。在他们细腻的笔触下，我们能深刻洞察知识变现的全过程。它从启动篇的"无所知"到变现篇，也就是讲述了创业"0—1"的全过程，配以力透纸背的洞见，极具可读性，同时也是能够激发我们同行讨论的作品，我也在众多场合真诚推荐过，是值得我们期待的标杆之作！

知识变现本质是个人IP品牌的塑造，在当今抖音、小红书、视频号等新媒体视域下，没有个人IP你寸步难行。而个人IP的核心在于个人知识结构的体系化、结构化、系统化、碎片化、零星的、不成体系的知识是毫无用处的。

——五育林体育培训机构创始人

《体育培训手记》《体育生多元升学规划》作者　伍玉林

在这个人人都是自媒体的时代，《从无知到有产》这本书以非常接地气的方式解决了很多人"有货但不知道如何输出的问题"，让每个人都有可能成为自己领域的专家。推荐给每一个爱分享的朋友。

——四川鑫天律师事务所高级合伙人　何丹律师

作为一名法律工作者，我深知专业价值与个人品牌的力量。我与两位作者相识、相知多年，深切感受到本书在个人IP塑造与知识变现领域，以专业视角深入剖析定位、运营、价值重塑与流量转化等知识板块，逻辑严谨，实操性强，堪为各行业的进阶指南，法律人亦能从中受益颇丰，确是开启知识财富大门的有力钥匙。

——四川纵和律师事务所主任　张平

《从无知到有产》"启动""变现"双篇齐下，理论实操结合，带你跨越从无知到掌握知识财富的鸿沟。

——四川消费扶贫商会会员部部长　陈旭

一提到知识变现，我本人感受是既熟悉又陌生，虽然这些是我们随时都在做的事情，但从来没去分析过其中的原理和逻辑，凭经验做事情只可提高效率，但是并不能提高水平。两位作者在创业领域深耕多年，整理出了一套完整的创业实战知识，并挖掘其中的底层逻辑，深入洞察商业的本质，提出了"轻创业"这一全新概念，让人耳目一新，也让我重新去审视创业之路，从中受益匪浅，相信其中的理论与实践案例也会对你有所助益。

——成都三设万物广告有限公司主理人　陈卓

作为一名公益人和社群运营者，深知个人 IP 塑造与知识变现的重要性。现在社会不缺少机会，但是很多人处于迷茫期，缺少抓住机会的能力和方法。

两位老师在书中从六个阶段阐述了如何一步步通过提升能力抓住机会的思路和方法，非常适用。相信可以帮到很多人，造福很多人。

——德申平台中国区公益事业委员会 2024—2025 年度秘书长
杨铠瑄

本书真乃宝藏之书！两位实操导师倾囊相授，如引路人带我穿越知识的迷雾，踏上知识变现的通途。他们用实战经验铺就基石，让知识不再抽象，而是化作可触的资产。读之仿若握住财富密码，满心皆赞，感恩这智慧的馈赠！

——智鸿林科技有限公司总经理
众安智能建筑安装工程有限公司总经理
天府新区民营经济协会常务副会长　张燕辉

在这个信息爆炸的时代，每个人都渴望找到自己的定位，将个人的才华与热情转化为可持续发展的事业。《从无知到有产》就是这样一本指导性的书籍，它不仅是一本关于自我发现的指南，更是一部教你如何将个人特色转变为市场价值的实战手册。

两位作者凭借多年的创业经验积累，深入浅出地剖析了在当今社会中，个人如何通过探索自身的兴趣点和专业技能，找到自己独特的价值所在。无论是初入职场的年轻人，还是希望转型的老手，甚至是已经有一定成就但寻求进一步突破的人，都可以从这本书中获得宝贵的启示和具体的行动指南。

——罗东来文化传媒有限公司创始人　罗东来

很多人不知道可以通过知识变现实现从"无知"到"有产"，不知道自己拥有什么值钱的知识，或者说知道自己有知识，有能力，但是没有办法总结和提炼出来。非常需要一套成体系和可实施的标准。

两位老师躬身入局的实战经验和深入浅出的提炼，给大家梳理出了清晰的方向及具体的操作方法与使用工具，从而事半功倍地完成实践。

本人参加两位老师的线下课程和社群活动时深受其益，期待这本书为自己及更多人赋能，大家都能够"终享"知识带来的无限财富！

——"妙舞悦心"禅创空间主理人　罗梓芸

这是一本应时代召唤而写的书，这是一本激励大师加实干家写的书，充满让普通人觉醒的真知灼见，和给茫然者提供的能落地的具体操作。认识李智老师多年，他就是生活样样精彩的那种人。这次他的书也和他以往经营企业、经营俱乐部、夺得演讲冠军一样，都是充分准备后精彩呈现的。

——学慧雅思创始人　中英文脱口秀演员　学慧Sheila

在互联网浪潮不断翻涌的今天，知识与信息的获取变得前所未有的便捷，而如何将这浩瀚的知识海洋转化为个人财富，成为许多人关注的焦点。

"你的知识能变现"不仅是对个人潜力的肯定，更是对时代机遇的把握。在这个充满可能性的时代，每个人都有机会成为自己领域的专家，将所学知识转化为实实在在的财富，关键在于不断学习、勇于实践，并坚持不懈地追求专业卓越。

——央视《美育圆梦》春节联欢晚会语言组导演

全国超级演说家　祝静

知识是一把钥匙，能够打开新世界的大门，努力去改变原本的轨迹；

学习是一种能力，能够持续不断地获取新的知识，成就更好的自己。

——"康乃馨"公益服务部主任　兼言

世间之人分三类：先知先觉者、后知后觉者、不知不觉者。

先知先觉者能洞察事物规律并提前做出正确判断和决定。后知后觉者往往都是事情发生后才能有所察觉。不知不觉者是无法对发生的事产生正确的判断和认知。

两位作者通过本书，让我们对自身的认知和判断更准确了，让我们更能清晰地认清自我，认知世界，从而对自身的决策做出更正确的判断，以达到成就其事业以及自我成就的目的。

——资阳爱悦尔月子中心总经理
资阳翰和林成长中心总经理　唐洪明

任何事都有第三选择，任何选择都没有对错，只有行得通与行不通，当我们行不通的时候，可以尝试换个方法。两位作者就给了我们创业的第三选择，让我们可以尝试以一种新的方式去重新开始。感谢作者把这些激励了自己的东西，以作品的方式呈现出来。只要有人能看到，只要身在困境的人可以因此受到鼓励与帮助，哪怕很少，我仍然觉得这是一件很有意义的事。

——成都大鸟建筑装饰设计有限公司总经理

中国狮子联会狮爱之光 2021—2022 年度队长　聂莉

推荐《从无知到有产》，详述知识变现历程，从"无所知"到"有恒产"，值得细品！

——夹沙肉成都非物质文化遗产传承人　徐琼

这本书紧贴时势，针对当前社会经济发展的不确定性，为读者提供了新颖的视角和解决方案。通过轻创业和知识变现等创新理念，为有志于创业或提升自我价值的人提供了切实可行的路径。

同时，通过六个阶段的知识变现过程，让读者更加清晰地思考如何去走自己从无知到有产的成长之路。书中的感人故事和积极态度也给读者带来了心灵上的慰藉和鼓舞，使这本书成为了一本既有实用性又有情感价值的读物。

——户外运动达人　高歌来了

在书中两位作者以当前不稳定的社会和市场环境作为背景，解析当前社会经济的发展趋势，提出轻创业和知识变现等理念，《从无知到有产》将知识变现分为了六个阶段，我本人从中受益匪浅。这本书将帮助迷茫的青年走出困境，走向光明！

——乐泰航空董事长　黄国翔

这几年，身处新能源产业浪潮，让我感触最深的就是：事业的发展需要创新能力与传播之力相结合。《从无知到有产》这本书将个人IP打造与知识变现之道，剖析得非常透彻。从个人精准定位到知识体系的架构，步步为营，循序渐进地启发读者。无论你所处哪个行业，本书都能帮助你找到传播方法，突破传播瓶颈，让自己的产品也能借势腾飞。

——四川钠淼智创新能源技术有限公司总经理　谢加彧

此书是李智、蒋点宏两位一线实干家的呕心之作。认识李智多年，他一直在商海沉浮，多次创业。他身上打不死的"小强精神"让人佩服。如今他们二人将其半生商海经验融入此书，书是不说话的老师，希望对当代年轻人有所帮助。年轻人，愿你有一个灿烂前程！

——熊熊户外主理人　熊熊

认识两位作者很多年，读完这本书也是感慨颇多。这本书不仅是两位多年摸爬滚打、历经高峰低谷的心血之作，更是他们智慧的结晶。书中干货满满，精华荟萃，还有大量即学即用的实操方法与工具，希望所有读者也都能从中汲取到宝贵的经验与灵感，也希望通过本书的指引，每个人都能在复杂多变的社会与市场环境中，找到并走上属于自己的康庄大道。

——扁仓中医　鑫宇老师

前言

    当下是一个科技快速发展，并持续加速的时代，人工智能、大数据、云计算、区块链技术、5G/6G 通信、航空航天等技术快速发展并深度融合。在互联网高速发展和各种技术快速迭代更新的今天，社会的生产方式、人们的生活方式都在时刻发生着变化。谁能更早看清楚时局，谁能更精准把握住稍纵即逝的机会，谁就有可能更快地脱颖而出。

    在这样一个市场环境下，作为一个普通人，我们还面临着一些更具体的生活压力。房贷、车贷、老人的赡养费、小孩的抚养费等，都是我们每个人每天需要考虑的问题。如果自己某一天不幸被所在企业辞退，那面对的将是更多、更实际的生存问题。到底是选择主动接受收入减少而保住现有的工作，还是选择去多做一份或者几份副业增加收入、弥补收入，又或是选择自主创业来为自己的未来赌一把，我们相信很多人都有过上述的纠结与挣扎。

为了不被公司辞退，有些人主动选择了降薪或者接受调岗。为了把失去的收入弥补回来，有些人选择了去做更多的兼职或者副业，不管是去送外卖、开网约车、送快递、干代驾，还是摆摊设点售卖各种产品，都是一种尝试。但是当越来越多的人都做了相同的选择的时候，大家也会发现某一条路已经越来越拥挤，能够获得的回报也越来越少。

还有一些人主动或者被动做出了"更艰难"的选择，那就是自主创业。但很多人会从一开始就不自觉地选择相对传统的创业方式。创业还没有正式开始，就在考虑租场地、进货、招人员、租仓库等问题。如果一旦采用了这些方式来创业，中后期可能很快就会进入"举步维艰"的阶段，这样"错误"地坚持下去，结局也就不会太顺利了。除非你推出的产品或服务一经面世，就能填补市场需求的完全空白区域，还能迅速吸引目标用户，更能快速获得行业的大部分资源，才会创业成功。但是，这样的概率又有多少呢？你会是那个能被"馅饼"砸中的人吗？

所有的选择都不能用"对"与"错"来简单定义，只有经历过的人才能有切身的感受。面对上述的种种困境与问题，我们写这本书的目的之一，就是想给正在读书的你一个中肯的建议，不管你是想做副业，还是想直接创业，都可以先选择从"轻创业"的方式开始。

什么是"轻创业"？简单来说就是"轻装上阵来创业"——花最少的钱、用最少的人、尽量做到零库存。选择这样的开始方式，你所面临的风险也会是最小的。按需提供产品和服务、及时调整业务、充分利用一切"免费"的工具、充分利用各种互联网平台，你只需要专注做好以上其中某一件事情即可，甚至不用考虑客户来源，也不用考虑售后服务，更不用考虑企业日常经营管理中会遇到的各种琐碎但又关键的问题。这样的"创业"方式在当下其实并不难实现。

在这个各类新媒体平台广泛流行的时代，利用各种互联网工具和新媒体平台来创业已经成了很多人的首选。不管是过去QQ、博客、网站的时代，还是现在抖音、快手、小红书、B站、微信的时代，都不乏有潜力很大的机会。你可以不受时间、地域、环境等影响，只要一部能够联网的电子设备，就能够实现随时随地的办公，就能实现"轻创业"。

制作图文带货、拍摄短视频带货、开设橱窗带货、直播带货、直播打赏、广告合作、赞助商合作、知识付费等，都是现在可以选择的"轻装上阵"的方式，只是在选择这些方式之前，你也记得一定要花时间去学习一些具体操作的技巧与方法，不要盲目地开始，要不然你很有可能又会陷入一种越做越没有信心的奇怪旋涡中，直到最后以"莫名其妙"的失败收场。

在《小米创业思考》这本书中，雷军曾对"站在台风口，猪也能飞起来"这句被误读很深的话有过一个解释："大家只关注到了风口，其实我想说的是'猪'。在进入新的领域、寻找新机会时，要放低姿态，虚心学习，既要埋头苦干，也要把握时机，顺势而为。这个'猪'说的是我们小米自己。"

所以当你已经准备想要采用我们上述提到的那些可以"轻创业"的方式开始前，一定要静下心来好好学习相关的理论知识，再不断通过实践来总结和调整，等待合适时机出现了，再一击即中。

在写这本书之前，我们也花了大量时间学习和研究关于全媒体时代的一切，不仅对各个新媒体平台进行了深入的探究与分析，也进行了长时间的实践和操作，还走访了很多通过自媒体发展起来的个人和公司，和很多通过使用新媒体平台与工具让企业发展得越来越好的企业家进行了深入的交流与沟通。我们两个糙男人还在直播屏幕前"撒娇卖萌"（此处省略一万字），为的就是能够躬身入局，对自己负责，更要对正在看书的你负责。

通过长时间不间断地实践，我们总结并归纳出了非常多的学习方法和操作技巧，我们用一年的时间开发出了22门课程，这些课程已经被众多企业和组织采购，不仅帮助他们进行了新媒体转型和品牌塑造，还帮助他们取得了更多的收益。我们也因此获得了丰厚的回报。受此鼓舞，我们再次确定了正确的方向，始终保持着课程的开发和更新，相信未来我们会有更多有帮助的课程陆续问世。我们计划通过出版书籍、线上与线下授课、组织线下社群活动等方式，将我们关于知识变现的一整套方法倾囊相授于正在看书的你。也非常感谢你做出购买本书的选择。相信我们，你一定能够有所收获！

在我们了解并熟知了现在各种利用新媒体平台创业的方式后，我们从中找寻出了一种适合大部分人真正可以从零开始的方式，那就是利用你的"知识"来变现，也就是现在流行的一种说法，叫"知识付费"，大白话讲就是："让用户花钱购买你提供的各种知识。"

"你的知识能变现"——这就是我们这套书想要告诉你并教会你的，也是我们写这本书的重要目的。我们这套书的名字叫《从无知到有产》，我们将分为两本为大家呈现。

第一本就是你现在正在看着的这一本，我们将它定义为"启动篇"，下一本"变现篇"也将很快面世。不是我们不想把这些内容全部写在一本里面，而是内容实在太多，希望读者能够边读边实操，当你认真读完这两本书后，相信你可以直接用于实践。我们还会在线下启动一个"百人计划"的项目，就是为了集合更多的人来一起共读、共创、共享。通过使用全媒体工具，最终帮助更多人实现副业增收和创业致富的目标，与我们共同实现精神与物质的双丰收。

为什么是从"无知"到"有产"，这里的"无知"不是贬义词，而是名词，因为我们将知识变现的过程分为了六个阶段，不管你现在处于哪个阶段，都建议你把这六个阶段完整地看完，相信一定能够带给你更多的启发。本书会给你提供具体的操作方法与工具，让你在读完本书的同时，还能事半功倍地完成实践。只有将理论与实践充分结合，才能真正得到你想要的结果。

第一个阶段叫"无所知"——不知道自己有值钱的知识。很多人其实还根本不知道自己拥有什么知识，或者说拥有哪些能力。举个例子，你平时喜欢做美食，难道就只能靠售卖做出来的美食"成品"挣钱吗？当然不是，你还能通过把制作美食的方法、工艺、流程提取成为"产品"来挣钱。

第二个阶段叫"无所能"——知道自己有知识，有能力，但是没有办法总结和提炼出来。你爱好做美食，你也知道自己做美食的能力很强，做的菜都色香味俱全，但是你不知道如何将这些琐碎的信息整理成一套完整的和标准的知识内容。请你相信，这套知识内容真的很值钱。

第三个阶段叫"有出产"——你有知识，有能力，也能将其提炼为一套标准或一个体系，但却无法准确地表达和描述出来。简而言之就是还不会"讲"，更不会"教"给更多的人，缺乏有效的表达方法和手段。你应该学会线上线下的表达，实现对自己知识产品的第一次包装，为下一阶段的推广打下良好的基础。

第四个阶段叫"有资产"——这个阶段的你已经可以开始利用你的知识来挣钱了，但是还不太稳定。因为此时的你还不会广泛和精确地对外进行推广，但掌握了相关的方法后，你会发现你的收入开始越来越多，你的信心也会越来越强。

第五个阶段叫"有盛产"——在这个阶段，我们要教会你更多的变现方式，让你的知识产品变得更值钱，边际成本也会越来越低，你会看到你的收入开始呈几何倍数地增长。

第六个阶段叫"有恒产"——用一句很时髦的表达方式告诉你，这个阶段学完后，你就拥有了"睡后收入"，而且可以持续，你想要吗？

前三个阶段就是这本"启动篇"会展现给你的，我们希望当你读完本书后，能够尽快消化和转化，也能及时行动起来，方向对了，你的努力就不会白费。

后三个阶段我们会在下一本书的"变现篇"呈现出来，让你最终享受到知识为你带来的"无限"财富，你也会越来越有信心去面对用户、面对家人、面对生活、面对未来的一切。

我们也曾循规蹈矩地工作过，也曾义无反顾地扎进过创业的大军，成功的喜悦、失败的苦涩、纠结的痛苦、无尽的绝望，一切与"创业"有关的酸甜苦辣，我们都经历过。关于这一切，我们写在了另外的书里，我们也希望能够帮助选择了这条路的朋友们少走弯路，能够更快地使你们到达想去到的那个"彼岸"。

"站在台风口，猪也能飞起来。"这句话虽然是雷军很多年前说的了，但是我们认为只要能够"顺势而为"，其实任何时候、任何人都有飞起来的机会。

我们也欢迎大家和我们随时进行分享与交流，就像很多已经创业成功的企业家们说过的那样："我们是一群需要随时抱团取暖的人，你并不孤独。"

李智　蒋点宏

2024 年 6 月 7 日于成都

目 录

第三章

如何解决知识提炼能力的"无所能"

——知识原材料的来源和详细拆解

第四章

如何解决知识提炼能力的"无所能"

——构建自己的知识体系

第五章
如何通过表达实现"有出产"

第 一 章

改变从你开始

改变的开始

如果你现在想做一份副业，或者想自主创业，你能想到些什么，尽可能地多想想，拿一支笔和一张纸，把你能想到的内容都写下来：

我能做什么？

我会干什么？

我可以卖什么？

我想卖的东西在现在的市场条件下情况怎样？

我是一个人干还是找人一起干？

我可以找哪些人一起干？

其他人分别能干什么？

我在哪里干？

要不要租个办公室？租多大的？

要不要租个商铺？租在哪里？

需不需要装修？

我要不要找个师傅先学一学？或者找个人先带一带？

要不要买办公家具？

要不要买些设备？

要不要找供应商供货？

我的客户在哪里？

我能怎么卖呢？

是否需要招人？招几个？工资给多少？

我要花多少钱？我有足够的钱吗？

……

看到上面所列举的种种问题，你是否已经感到困难？或者甚至想到了放弃？其实我们并不是想吓退你，而是想告诉你，如果你考虑的问题确实和上面所列举的差不多，那么我们强烈建议你平复一下心情，然后接着看看下面描述的这些情形是否也是你正在经历的：

你是否觉得你的朋友或者周围某个人正在干的某个事情好像很能赚钱？

你是否想着要去做同样的事情？

你是否觉得同样的事情你能做的比你那个朋友更好？你能够赚更多的钱？

你是否感觉自己的抱负在现在的公司或者单位里无处施展？

你是否每天看到各种关于某个人跑外卖或者开个小吃摊一天能挣多少多少钱的新闻，你就跃跃欲试？

你是否感觉自己有一腔创业的热血想要挥洒？

你是否觉得很多新闻上看到的所谓成功企业家做的事、说的话还不如你？

你是否想马上买个电动车去跑外卖了？

你是否想马上推个车出去卖烧烤了？

你是否想开个花店？

你是否想开个咖啡店？

你是否想开个宠物店？

你是否想开个奶茶店？

……

如果你也有以上的种种想法，那么我们建议你现在需要喝一杯冰水，把自己躁动的心情再次平复一下，因为这些想法已经被无数的人用实际行动证明过了，结果是其中很多都是创业陷阱。但是也不要气馁，我们举这些例子并不是说这些事情就一定不成功，而是想提醒一下你，你需要改变一些方式和方法来做这些事情了，如果你还是完全按部就班地照着传统的方式在做，成功的概率也不大了。

如果你还没有开始着手，或者已经开启了上述项目，但却没达到自己想要的结果。那么请接受我们的建议：你有很多可以改变的地方。

改变什么

在现在这个新媒体工具盛行，AI 人工智能和数字化技术飞速发展的时代，已经不能再用传统的思维方式来考虑副业或创业项目了。

第一个改变：学会接纳这个多变社会的一切。 过去很多人都以年龄为借口，把所谓的"代沟"作为不理解用户的借口，但在现有市场环境下，这已经不能作为一个借口了，就算是上自八十岁的老人，下至穿着校服的学生，都能通过拍摄短视频来实现赚钱的目标，更能通过直播来获取大量的粉丝喜爱。

有几个因为拍摄变装而深受大家喜爱的老年人，通过拍摄穿搭视频和变装视频，吸引了上百万乃至上千万的粉丝关注量与上亿的点赞量，他们既为大众展示了自己积极乐观地面对生活的态度，也通过网络平台为自己和家人获取到了巨大收益，粉丝通过观看他们的视频还能学习到很多实用的穿衣与化妆技巧，他们也通过上述方式让自己的老年生活更加丰富多彩，这样一举多得的事情何乐而不为呢？

　　第二个改变："全身心"投入到全新的环境中来，不再沉浸于自己的固有经历和思维模式。 过去，很多生了小孩的女性在经历漫长的生育期后，重新回到工作岗位后总感觉力不从心，没有办法跟上公司发展和时代变化的节奏。但如今，很多宝妈一点都不担心这个问题。因为当她们开始准备重新投入工作的时候，她们发现，留给自己的选择还挺多。不仅可以在家带小孩，还可以赚钱，尽可能做到家庭与事业不相冲突，一部可以联网的手机，就能成为她们重新融入社会的工具。关键还在于，她们会发现自己一直没有和社会脱节，没有被当下的社会发展所淘汰，因为一部手机，就是她们可以使用的最简单的与社会链接的工具。

　　我们就认识很多这样的宝妈，当她们熟悉了现在的网络发展与各种平台的使用后，很快就融入了进去。每天都坚持花时间去学习与操作，不管是做图文，还是拍视频，或者是做直播，都是因为她们通过这些方式真正挣到了钱，不少人还挣到了很多钱，这是之前完全不敢想象的。她们用全身心的投入为自己和家人带来了最真实的回报，再也不担心自己与社会脱节，也不担心自己没有办法照顾和陪伴小孩。

　　第三个改变：不为自己的任何发展而设限。 无论你身在何处、身处何时，也无论你的过往经历怎样，只要充分利用好现在的各类新媒体工具，你会发现自己有更多的潜力与可能性。你知道卖花其实不一定非要开个多么大的花店吗？你知道卖咖啡其实也不一定非要开个咖啡店吗？而且完全不用考虑门店位置、环境、人流量等传统思维中创业的必要条件。如果不是非不得已的情况，必须得开个实体店，那你完全可以选择用互联网的方式来轻创业。当然，实体店的存在依然有其不可替代的作用，而这并不在本书的讨论范围内，我们会在线下的课程里再为大家详细剖析。

你也许在上班之余有着自己非常热爱的活动或者运动，比如你喜爱唱歌、喜爱打篮球、喜爱钓鱼，等等。在此之前，你的这些爱好或许仅仅只是你舒缓情绪或者锻炼身体的一种方式。但是只要你是真的热爱，或者有自己独特的技术，又或者你确实很擅长该运动，那么这些爱好也能成为你挣钱的方式之一，能带给你的价值可能远远超出你对它们的定义。

我们想告诉你的是，如果你确实想做点什么，或者确实想创业了，不要再被传统创业所需要考虑的条条框框所限制，也不要被自己过往的经历所限制，因为你有无限的可能性，只是还没有被自己所发掘出来，我们可以帮你一起挖挖看。

"挖呀挖呀挖，在圆圆的脑袋里面挖啊挖啊挖……"，说不定什么时候就能挖出来很值钱的想法。

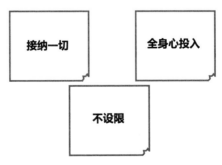

图 1-1　需要做出的 3 个改变

改变的结果

改变固有的思维方式和模式是一个循序渐进且需要持续努力的过程。尤其是在现在这个快速变化的社会和市场环境中，做好前文中提及的三个改变，再通过不断实践和总结，你想要达到的某些目标，是完全可以达到的。

本书目的之一，是想告诉你一句重要的话："通过改变，先接受'我的知识也可以很值钱'这一思想，再通过我们传授的各种方法，去实现知识变现的目标。"而且面对这个"结果"，你前期需要付出的各种成本和承担的风险是相对最小的。我们希望通过这两本书，再配合线下的课程和活动，让你能够更快速地实现知识变现的目标。

为什么可以选择用知识来变现

随着现代社会对创新和专业能力需求的增加，"知识经济"已然成为推动社会发展的一股力量。在这样的背景下，知识、创意和专业技能成为了非常重要的生产要素，其自身能够产生的价值和创造出来的实际效益，被越来越多的人所认可和追求。

互联网技术的飞速发展，打破了信息传播的地域限制，也极大地减少了信息的不对称，使得每个人都有机会直接将自己所拥有的专业知识和技能展示给更大范围的潜在客户或受众，不再受限于地理位置或传统渠道的约束。这为"知识变现"提供了非常广阔的舞台，也使得各种知识和信息能够以前所未有的速度与广度进行传播。

大量诸如在线教育、知识付费、社交媒体等技术平台的诞生，为知识拥有者提供了更多展示和分享自己知识的舞台，同时也为有需求的用户提供了更多可以获取这些知识的便捷途径。人们的学习需求、娱乐需求、解决问题的需求日益多样化和个性化，这也为拥有某些特定知识和技能的个人提供了更多细分市场的变现机会。

比如 AI、视频剪辑、图片处理、文案设计等各种技术工具的普及，也能够让知识拥有者更方便快捷地生产知识产品，极大地降低了普通人分享知识和收取报酬的技术门槛，使得知识变现变得更加便捷。

同时，随着社会分工的细化和人们生活水平的提高，市场对专业化、个性化知识的需求也日益增长。无论是职业技能提升、兴趣爱好培养，还是对生活常识的学习，人们都愿意为质量高、针对性强的知识内容付费，以求快速获得解决问题的方法或提升自我价值。

每个人的知识体系、经验和见解都是独一无二的，这些独特的知识和技能对于那些需要学习或解决相关问题的人来说具有很高的价值。当你的知识能帮助他人节省时间、提高效率、解决难题时，他们一定会愿意为此支付费用。

"知识付费"已经被越来越多的人视为一种高效的、直接的自我投资方式。

所以，我们强烈建议你可以选择用知识来变现，这一定是能够更快速增加收入或者开始创业的一种方式，也非常符合"轻创业"的设定。当你通过此方式开始获取收益，并且能逐步实现财富的持续增长了，你再去考虑开设公司、开设门店等，这样你面临的压力也会小很多，而且还能给自己的事业锦上添花。

利用知识来变现可以采取哪些方式

知识变现可以采取多种方式，我们在此先简单列举一些方式，在本书后续的章节里我们还会为大家详细讲解与分析。

写作与出版

撰写实体的书本或开设专栏写文章。通过与出版社或书店合作出版，在淘宝网、京东网、当当网等平台销售，或者在博客、头条、微信公众号等平台上通过写作获得广告、赞赏，以此取得收入。

开发在线课程

将自己的专业知识制作成视频课程、音频课程或图文课程，发布在知识付费平台（如得到、喜马拉雅、帆书等）、各类教育平台或自己开发的小程序与网站上进行销售。

创作知识内容

在社交媒体、视频平台（如抖音、快手、B站等）、音频平台（如喜马拉雅、荔枝等）上创作高价值的内容吸引粉丝，通过广告分成、赞助商合作、粉丝打赏等方式盈利。

知识付费问答

在知识类问答平台（如知乎、百度知道等）上回答用户提出的专业问题，按次或按月收取提问者费用。

提供咨询服务

提供个人或团队咨询服务，如职业规划、心理咨询、法律咨询、技术咨询等，可以通过线上或线下直接面对有需要的用户进行知识输出。

......

通过上述种种方式，每个人都可以灵活运用自己的知识和技能，在不同平台上寻找最适合自己的变现渠道和方式。成功的关键在于持续给用户提供高质量的内容，建立起个人品牌，以及有效地营销与推广。

包含上述所有的相关内容，和还没有展示的更多可采取的变现方式，我们会在本书后续篇章和线下课程里全部呈现给大家。

本章总结

想要更快地适应当下的市场环境，首先得做出改变：

学会接纳这个多变社会的一切；

把自己"全身心"地投入到当下的环境中来，不要再沉浸于自己固有的经历和思维模式中；

不要为自己的任何发展去设限。

认清自己的知识可以用来变现的"现实"，而且前期利用知识来变现投入和风险相对都会更小，当下的社会环境和市场化情况也足够支撑利用知识来创业的条件。同时，利用知识来变现的方式已经非常多了，而且都比较成熟，只要后期根据自己的具体情况来选择更适合自己的即可。

第二章

如何解决对自身知识的不自知

什么叫"无所知"

"无所知"就是不知道自己是否拥有某种能力或者某类知识。

不知道自己拥有某些知识，但其实这些知识很有价值；

不认为自己所掌握的知识或者某个技能是能够产生收益的；

觉得把自己掌握的某种知识或能力用来挣钱很麻烦或者很难实现。

为什么会有上述心态的产生，大致有以下一些原因造成。

一、周边环境的影响

社会环境、文化背景、家庭教育、成长经历等因素可能对个体探索自我潜能产生了一定的限制，或者被给予了很多不准确的反馈，最终导致自我认知的偏差。

有时，我们可能生活在一种不支持自我发现或不利于自我提升的环境中，这可能会限制我们对自身能力的了解。

例如，如果我们从未接受过某种类型的培训或教育，我们可能永远不会意识到自己在该领域具有天赋；又或者我们从小接触的教育体系可能更侧重于知识灌输而非自我探索，导致我们在成长过程中没有学会如何全面地认识自己。

还有一些人可能在成长过程中没有得到过足够多的积极与正向的反馈，他们没有得到过他人足够多的认可与鼓励，也就很难意识到自己具备的某些优势和潜力。

二、自我认知的局限与偏误

个体往往会受到主观情绪、信念和自我期望的影响，有时很难客观地评估自己的强项与弱点。例如，过分自信可能会导致忽视自己的缺陷，而过分自卑则可能会掩盖你真正的才能。

有些人可能还缺乏自我意识，无法准确地了解自己的能力和知识。他们对自己的内心感受和需求不够敏感，无法意识到自己的优势和潜力所在。

还有些人还会有认知的偏误（只关注支持自己观点的信息）、达克效应（能力越低越无法认识到自己的不足）等，都会阻碍个体正确地认识自我。

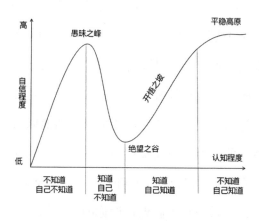

图 2-1　达克效应

人类的认知确实是有限的，有时候对自己拥有的某些能力或知识不够敏感，就像"灯下黑"，这也会造成认知的盲点——"最接近自己的地方反而最容易被忽视"。

三、习惯和固定思维

习惯和固定思维可能会限制我们对自身所拥有的能力和知识的认识。

如果我们习惯了将自己视为某种类型的人，例如，我认为我是一个不善言辞的人，那么我甚至可能会故意回避与其他人更多的交流与沟通，我们就很有可能会忽视自己在这些领域的潜在能力。而且一旦养成了习惯就很可怕，因为如果没有其他人或其他事情帮助你打破这个习惯，你很可能永远都会坚持这个习惯。但是习惯也是有好与不好之分的，如果你坚持的是好的，那恭喜你；如果你坚持的是不好的，你能主动改变吗？

同时，在日常生活中，我们往往会将能处理好自己擅长的事情视为"理所当然"，因为它们对我们来说太过自然，以至于忽略了这些其实是他人可能不具备的特长。

例如，你是一个非常擅长开车的人，你的驾驶技术一流，从来没有出过任何交通事故，可能你会自然地以为这是每个司机都可以达到的标准，但其实很多人完全做不到这一点。你会认为这些有关驾驶的知识与技巧都是驾校应该会教授给大家的，和你能有什么关系呢？我们想告诉你的是，你为什么不能把你所理解和熟练的一切关于开车的事情整理出来，然后教给其他想要知道并想要掌握这些知识与技术的司机朋友呢？这样做还会产生另外一个好处，可以间接帮助减少更多交通事故的发生。相信我们，一定会有司机朋友愿意用付费的方式来获取你的这些知识和技能的，因为如果他们对这个技术掌握得更好，是可以在某个关键时刻"挽救"自己、家人或某个陌生人的生命的。还有什么比生命更重要吗？

四、自我怀疑与心理防御机制

内心的自我怀疑会阻碍个人认识到自己的潜力，即便你在某些领域可能已经有所成就，也会认为那是"偶然"或"运气"。一旦产生了自我怀疑，你就很难把某一次的成功或者在某些领域取得的成就总结整理出来，让它发挥更大的价值。

有时候，我们的心理防御机制也会阻止我们认识到自己的某些能力或知识。例如，如果我们对自己的能力或知识感到恐惧或不安（可能是因为害怕被别人评判或批评，也可能是为了避免面对不愉快的事实或失败），我们会选择忽视或否认它们，但是这些能力一旦被否认了，它们就很难有再次被挖掘出来的可能性了。

五、缺乏某些支撑

缺乏自信。有些人对自己的能力和知识缺乏足够的自信，因此即使他们有很强的能力或某些方面的知识，也不会意识到自己拥有这些优势。他们可能只会过分关注自己的不足和缺点，而忽略了自己的优点和长处。

缺乏反思。没有定期进行自我反思，不去审视自己的行为、决策及成果，就难以清晰地认识到自己的知识结构和能力边界。"一日三省"的作用除了找出自己没有做好的事情，更关键的是，还可以帮助你不断验证你在做某件事情的决策和结果是怎样的，从而让自己更清晰地拥有"自知之明"。

缺乏经验。有些人可能缺乏相关的经验，因此无法准确地评估自己的能力和知识。他们可能没有经历过足够多的挑战和机会，无法展现自己的才能，因此也不知道自己拥有哪些方面的优势。

缺乏实践。没有足够的挑战和实践机会去测试自己的极限到底在哪里，就很难准确评估自己的能力和知识深度。如果从未在特定情境下挑战过自己，就没有机会将拥有的知识或技能应用于实践，就没有办法意识和发掘出自己的真正实力。

　　缺乏兴趣与激情。当你对某一领域充满热情时，往往更容易投入大量时间和精力去学习与实践。这种情况下，能力的提升和知识的积累可能是潜移默化的，自己很可能在没有意识到的情况下就已达到较高的水平了。

　　当然，除了上面所说的这些情况，还有一些可能是比较特殊的情况，我们会在线下的分享与课程中再与大家进行交流与讨论。

为什么要解决"无所知"的问题

清晰地了解自己的能力所在，知道自己拥有哪些独特的知识和技能，或许你就能获得更多你想要的。

你想挣钱吗？你想获得更多的成就感吗？你想激发出自己更大的潜力吗？你想获得更多人的关注和重视吗？你想让自己对旁人或者对社会更有价值吗？

如果上面都不是你想要的，你应该也不会看这本书了。

首先，了解自己拥有的知识和技能，可以帮助我们找到最适合自己的工作、职业，或者是创业方向。如果我们知道自己擅长哪些方面，就可以寻找那些能够利用这些技能和知识的职位。而且，清晰的能力认知与知识框架是规划职业道路、寻求晋升或转行的根本基础，它能帮助我们精准定位市场所需与个人能力的匹配点，实现职业生涯的成功转型或提升。

认识到自己在哪些方面需要进一步提升，你也能设定更明确

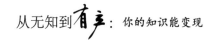

的长期职业目标和发展计划。同样的，当你想做副业或者想创业的时候，如果你对自己的能力和知识储备有足够的了解，你就能更快地找到适合自己的方向与可以做的事情。

其次，了解自己的能力和潜力，可以帮助我们制定更长远的个人发展规划。我们可以确定自己的长期奋斗和创业的目标，并非常明确自己还需要学习哪些新技能或知识来实现这些目标。了解自己的优势和劣势，从而有针对性地设定发展目标、规划学习路径、不断提升自我的竞争力。当我们感受到了自己的进步和取得更大的成就时，便会感到更多的自豪和充实，这非常有助于我们保持积极向上的心态。

再次，在个人品牌的建设中，明确自己的核心竞争力（即特殊能力和专业知识）更为重要，这将有助于你在人群中脱颖而出，并且能够吸引更合适的合作伙伴和更精准的用户群体：

精准定位

明确自己的能力和知识领域，可以帮助你精准定位个人品牌的领域和目标受众。这样可以确保你的品牌与市场中的需求相匹配，准确吸引对你的特长感兴趣的人群。

差异化竞争

在众多竞争者或者竞品中，了解并突出自己的独特能力与知识储备，能让你的个人品牌更加鲜明、有特色。这有助于在潜在用户或合作伙伴心中建立起独特的价值主张，从而在激烈的市场竞争中脱颖而出。

内容创作与分享

当你清楚自己的强项时，就能围绕这些方向创造高质量的内容，如文章、视频、图片等，这些内容能够充分展示你的专业知识和见解，增强个人品牌的权威性和影响力。

以上三个小点，我们还会在后面的章节里详细阐述。

最后，清楚地知道自己拥有哪些知识和能力对于我们的个人发展、职业成功和生活质量提升都具有重要的意义。认识到自己所拥有的知识和能力，能够为自己的产品变现增加强有力的砝码，也是在现在这个复杂多变的社会环境中保持竞争力、实现个人价值和目标的关键，也能为自己的家庭和生活打下坚实的物质基础。

如何解决"无所知"的难题

一、做好三个定位

如何才能清晰并精准地知道自己拥有的能力和知识是什么，并且还能挖掘出自己之前可能还完全没有意识到的潜力？我们给到大家的建议是首先做好三个定位：

知识产品定位（我可以卖什么知识？）

用户定位（我的知识产品可以卖给谁？）

人设定位（我是谁？用户为什么在我这里买？）

通过分析和确定上述三个定位，你就能准确地分析和整理出自己所拥有的真实的知识和能力。

1. 知识产品定位（我可以卖什么知识？）

第一件需要做的重要事情就是，找出自己到底拥有哪些能力，梳理出自己拥有的知识储备，如：你可以卖给用户什么内容？你有哪些价值可以提供给广大的用户群体？

请你准备一张A4纸，或者用电脑制作一张表格（见表2-1），我们将会通过这张表格来给你详细讲解如何找出自己的产品方向。

表2-1 知识产品定位表

我拥有的技能和知识	我是否热爱？	我是否擅长？	我拥有配套资源吗？

（1）我拥有的技能和知识

根据你自身的情况，你现在正在从事的职业和行业，你所做的具体职能工作是什么，认真地总结和梳理一下。

例如，你会开车、你会游泳、你会踢足球、你会炒菜等。再比如，如果你现在从事的是财会工作，那么你一定学习过并掌握会计相关知识；如果你正在从事律师行业，那么你一定了解法律的相关知识；如果你从事的是软件开发工作，那你一定会写代码编程……这些都是你现在拥有的知识储备，如果你还能拥有相关技能认证的证书，那就更好了。

和你正在做的工作有关的技能还包括，如果你在单位或者企业是负责营销或者人事工作的，那么你一定拥有一系列营销或人力资源的相关知识和从业经验，而且你很可能还在不断地学习和充实相关内容，并且时刻都在将其应用在每天实际的工作中，那么你就拥有比其他人更多、更精深的相关技能。

还有一些事情，是因为你的喜欢和热爱而去专门学习过的。比如，你喜欢花艺，你很可能专门去学习过插花的技术；你喜欢画画，你可能特意去学习过国画或者素描等，这些都可以算在你拥有的技能和知识里面。

还有一些是你也许会忽略的已经拥有的技能，比如，你在单位或企业里因为口才出众，经常被领导指派参与主持各种内外活动，或者经常去参加一些演讲和辩论比赛等，甚至还取得过某些奖项或者奖励，你也可以把这些"技能"罗列出来。

对于总结和梳理的这个过程，我们给到你的建议是：一定要尽可能仔细、全面地思考并罗列出你现在所具备的所有技能和知识，没有数量要求，也不用考虑掌握的熟练程度。你能够想到多少就写出来多少。但如果自己确实想不出来，旁人对你的了解也能有助于你加强自我分析。你可以咨询家人、朋友、同事、领导或者老师，让他们帮你一起总结与分析，有助于你做出客观与准确的判断。

表 2-2 知识产品定位表

我拥有的技能和知识	我是否热爱？	我是否擅长？	我拥有配套资源吗？
我会开车			
我会游泳			
我会踢足球			
我会煲汤			
我有律师资格证			
我普通话一级甲等			
我英语六级			
我在公司负责市场拓展工作			
我有商务谈判能力			
我有管理团队的能力			
我有组织和策划活动的能力			
我会唱歌			
我会摄影			
我会演讲			
我会写作			
我会主持			
……			

（2）我是否热爱？

对于表格里面第一列所列举的所有内容，你是否发自内心地热爱它？判定自己是否热爱它，或者评估自己对所拥有的这些知识和技能是否有足够热情，可以通过以下几个方面来考虑：

①持续的兴趣与动力

你是否在从事相关工作或学习这些知识和技能时感到兴奋和充满动力？即使面对挑战与困难，你也愿意投入更多时间和精力去克服，而不是选择轻易放弃。

②保持自主的学习

你是否发现自己总是会在不自觉中去思考、探索或实践这项技能或知识？比如阅读相关专业书籍、参加相关培训或研讨会等，即使在没有任何外界压力或奖励的情况下，你也愿意投入时间去学习和了解，这种自我驱动的学习往往表明了你对某件事情高度的兴趣和热情。

③成就感与认同感

当你应用自己的知识和技能解决了某个具体问题或完成了某个重要项目的时候，你是否能感受到巨大的满足感和自豪感？这种成就感是衡量你对它是否热爱的一个重要指标。同时，你能够从那里获得自己和旁人的认同感。有了强大的认同感，你就能无所畏惧。

④愿意分享与传播

你是否非常乐于与他人分享你的这些知识和经验，甚至非常愿意帮助他人共同学习和进步？足够的热爱往往伴随着传播和交流的巨大欲望，而不仅仅是陶醉在自己的世界里。

⑤他人的反馈

周围的人，如同事、朋友或家人，是否经常能感受到你在这个领域显得特别有激情或擅长？或者他们因为你的这些技能、知识和经验，而得到了你的很多帮助。旁人的观察和反馈能帮助我们更好地认识自己。

⑥快乐感与幸福感

简单来说，当你投入到具体的事务或使用这些技能时，你是否感到快乐？当你在运用你的这些知识创造或完成这些事情的时候，你是否感到很幸福？快乐是拥有幸福的直接外在体现。

当你通过上述考虑后，你就可以在表格里打上"√"与"×"了，"√"代表你确实非常热爱它，"×"代表你现在可能还不够热爱它。

（3）我是否擅长？

表格的第三列需要填写的是你是否擅长这个技能或知识。想要更准确的判断，你可以通过下列维度来进行自我评估：

①完成任务的效率

当你使用某项技能或者利用某些知识来完成某个具体任务的时候，是否能迅速且准确地完成？相比于初学者或一般水平的执行者，你的速度是否明显更快？效果是否明显更好？

②面对问题的解决效率

面对该技能或者知识应用场景中出现的各种问题与挑战，你是否能快速找到高效且富有创造性的解决方案？"实践是检验真理的唯一标准。"解决真实面临和发生的问题，可以更直观地评估自己的能力范围和局限性。

③获得的实际成果

成功的案例、获得的奖项、获得的资质证书、完成的高质量作品、取得的实际收益，都是你擅长某项技能的有力证据。你也可以将你的知识或技能水平与行业标准、专业认证要求，或是同领域其他人的水平进行参考对比，比如参加一些在线测试、技能评估或是资格认证考试，可以帮助你更客观地了解自己的水平。

同时，如果你在单位或企业中，利用你的技能和知识，达到了某些业务目标，也是最直观的成果。比如你管理和带领了将近一百人的团队，你带领你的团队一年完成了一个亿的销售业绩，这些数据就是最好的成果展示，也能最直观地说明你的知识和技能是否达到了某个层级。

④寻求反馈和认可

向你的老师、领导、同事、朋友、家人或是客户寻求最直接的反馈。询问他们对你在该领域的表现有何看法？询问他们是否认可你在某个领域的地位或者影响力？他们的意见可以为你提供一个外部视角，帮助你发现自己可能忽视掉的某个强项或某个弱点，这有助于你更准确地判断自己是否擅长于此。有时候，可能你自以为在某个方面做得很好，其实并不然，"旁观者清，当局者迷"。

⑤保持激情与内驱力

你需要考虑你对这个领域是否有热情和内在驱动力。通常，对某个领域有浓厚兴趣的人更容易在这个领域取得成就。因为他们更愿意投入时间和精力去深入地学习和付诸实践。任何领域的知识都不是永远一成不变的。如果你热爱它，擅长它，你就需要保持这份激情，保持"与时俱进"。不然你的擅长可能就只是一时的，而不是长久的。

通过上述一些方法的综合考量，你可以较为全面地评估自己在特定技能或某个知识领域的擅长程度。记得，无论你现在是否真的擅长，保持谦逊和持续学习的态度是提升自我的关键。就算你现在还不太擅长，但是如果你未来想要把这些技能和知识运用的熟练起来，你就一定要让自己对照着这些条件去持续做调整与优化。

如果你擅长它，你就可以在表格里打上"√"，如果你现在确实还不太擅长，你就打上"×"。

（4）我拥有配套资源吗？

你需要好好整理和分析一下，是否拥有可以将你的这些技能与知识内容实现市场化运作，并且可以用来变现所需的相关匹配资源。什么叫"资源"？我们给大家罗列一些可以考虑的主要资源方向：

①资金资源

这是启动和维持业务运营的血液，包括自筹资金、亲友支持、银行贷款，甚至天使投资等多种途径。你需要简单评估一下启动成本、运营成本、预期收入等。

如果你有一定的经济实力，你也要考虑当下的经济实力能够支持你把哪个技能优先开发出来。而不是一句"我有钱"或者"我家有钱"，你就可以想干什么干什么了。

②人脉资源

你需要考虑完成这个事情需要的所有人脉资源，包括是否有具有互补技能的合伙人、家里的各位亲戚是否能够给你提供相关的人脉关系等。

比如你认识的所有朋友当中，是否有能够与你互补，或者能够为你"添砖加瓦"的人。再比如，你想把自己的烹饪技术和知识生产成知识产品，结果发现你的舅舅就是某个餐厅的主厨，那你在做相关的事情之前如果不去找他好好聊一聊，就是在"浪费资源"。足够多的人脉资源能够帮助你在启动这个事情之前和做事中途带来非常多的便利，你一定要好好"利用"起来。

③技术资源

根据想做的业务性质和产品特性，你可能需要特定的技术平台、软件、设备或专利技术的支持。你需要评估一下自己是否拥有这些技术，以及如何通过合作、购买或自主研发来获得相关的技术支持，这也可以结合人脉资源的梳理。

④市场资源

了解目标市场、用户群体、竞争对手及行业趋势也至关重要。这包括前期的市场调研、品牌建设、营销渠道（如社交媒体、线下活动等）和销售渠道的开发。

你要匹配一下自己当下是否已经拥有了某些市场资源。比如，在你将知识产品生产出来之前，是否已经在线下成立并运营着和这个事情有着相关性的一些俱乐部或者组织机构。这相当于你已经把产品和服务的用户群体锁定好了，等你的产品和服务一经推出，就可以直接对他们进行宣传和销售，他们就是你第一批忠实用户的来源。

⑤情感资源

你想把你的这些技能和知识生产出来作为产品销售，也相当于就是在"创业"。创业这条路途充满不确定性，保持良好的心态非常重要。是否能建立起情感的支持也是十分重要的。比如家人、朋友、老师，甚至你的用户群体，如果在必要的时候，他们可以为你提供足够的鼓励和帮助，那么你的坚持和努力就更能够有明确的方向，也不会轻易就选择放弃。

如果你梳理出来发现自己没有能够匹配的相关资源，或者非常少、或者非常薄弱，那么你就需要再做权衡是否当下适合马上启动你想做的这个方向的事情。

（5）详细分析与解读

"我拥有的技能和知识"，需要你明确地写出来内容，"我是否热爱？"和"我是否擅长？"只需要画"√"和画"×"就行，"我拥有配套资源吗？"需要把明确的内容写出来。

下表是一个人知识产品定位的完整举例，我们将为你做详细分析与解读。

表2-3 知识产品定位表三

我拥有的 技能和知识	我是否 热爱？	我是否 擅长？	我拥有配套资源吗？
我会开车	×	×	无
我会游泳	√	√	我父亲经营着一家大型水上乐园
我会踢足球	√	×	无
我会煲汤	√	×	我二叔开了餐厅
我有律师资格证	×	√	我小舅子开了律所
我普通话一级甲等	×	√	无
我英语6级	√	×	我周围有3个朋友正在从事英语相关工作，其中有1个朋友还自己开办了针对小孩的英语培训学校
我在公司负责 市场拓展工作	√	√	我去年一年为企业新拓展了5个渠道的客户
我有商务谈判能力	×	√	在企业做过的各种谈判可以作为经验案例，也有比较熟悉的一些客户群体资源
我有管理团队的能力	×	√	我现在管理着一个100人的团队
我有组织和策划 活动的能力	√	√	我的青梅竹马经营着一家广告公司
我会唱歌	×	×	无
我会摄影	√	√	无
我会演讲	√	√	我自己运营着一家演讲俱乐部
我会写作	×	×	无

续表

我拥有的 技能和知识	我是否 热爱？	我是否 擅长？	我拥有配套资源吗？
我会主持	√	×	无
……			

通过上面的举例，对于你所罗列的各类技能和知识，你是否已经看到了下面几种组合：

热爱且擅长，还有对应的资源；

热爱，但不擅长；

不热爱，但擅长；

要么你可能有资源可以支持你将这个技能或者知识进行产品或服务的变现，但是既不热爱，也不擅长；

……

通过数学的计算方式，这些要素组合起来产生的数量达到了八种，你现在要做的就是从这八种组合中选出最适合你的起步方向，我们给你的建议如下：

最高优先级选择：全部都打了勾，说明你既热爱这个事项，又很擅长于此，同时，还有相关资源配合。

这些最高优先级选择包括：游泳、演讲、市场拓展、活动策划和组织实施。那么，你可以将你的游泳技巧和相关知识，演讲的各种知识和案例，还有市场拓展与活动策划的理论知识与实操案例，至少整理出三个方向的知识体系与内容，这就是你最初期的知识产品生产的源泉。

第二优先级选择：你非常热爱它，而且有资源可以支持你去做相关工作，虽然你目前还不一定很擅长。

比如表中的煲汤和英语培训，你对此事的热爱程度，决定了你能够为它坚持多久。你有资源可以利用，决定了你能够更快速地从中获取到帮助和收益。

当下你可能还不太擅长这些事情，但你愿意花时间更有针对性地去学习与提升，而且有热爱做基础，你一定可以学得更快。有资源做支撑还能帮助你减轻前期的心理压力，让你更心无旁骛地花时间去学习和掌握，再结合自己的经历与经验，将这些都转换成为用户量身定做的知识内容。

第三优先级选择：你很擅长做此事，也有资源作为辅助和支撑，但是你内心并不热爱。

这种心情通常是发生在你当下的工作岗位上，是因为你要挣钱或者暂时没有其他更好的选择，你才在现有事务上苦苦支撑。比如你正在从事律师的相关职业，你在公司正在管理着一个一百人的庞大团队，如果你有相关的知识储备或者自己总结整理的一套内容，你也可以将其纳入考虑范围。因为你用这些基础作为起步，会相对节约时间，获取收益的时间会更快，生产相关知识内容产品也会更迅速，因为这些都是你"信手拈来"的事情，你只需要考虑好一些差异化的设计就行（关于差异化的设计，后续章节会详细讲解）。

这一级选择的风险在于你如果不够热爱，或者未来也提不起对它们的喜爱，可能你会越做越累。但如果未来，在事情推进的过程中，你的热爱开始萌发，那就再好不过了。

第四优先级选择：你很热爱，也很擅长，只是当下暂时没有能够找到可以匹配的相关资源。

这类技能和知识，你也可以尝试，因为你在做的同时，一定也会寻找到与其相关的各类资源。你有了热爱和技术做支撑，就有生产出这个产品或服务的基础，当你在生产这些内容并逐步往市场推广的时候，你也一定会接触到相关的资源。当你有了产品做根基，资源就能为你的产品插上翅膀，让你的产品更好地实现变现。

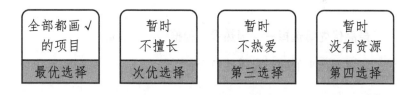

图 2-2 可以考虑的组合

除了上面四类选择，其他的组合我们建议你前期就不要考虑了。因为你的时间和精力也是有限的，当你找出了更适合自己的方向，你要做的就是行动起来，用市场来证明你的选择。

只要方向正确，就大胆地往前走，不要浪费时间和精力再去反复选择了。

手脑并用

拿一张 A4 的纸或者用电脑打出来下面的这个表格，静下心来认真梳理和分析一下自己的情况：

我拥有的技能和知识	我是否热爱？	我是否擅长？	我拥有配套资源吗？

填写完上面的表格内容后，根据四个优先级的分类，将自己的四个优先级分别再筛选出来：

最高优先级选择——很热爱，很擅长，有资源
我罗列出来的项目有哪些符合：

第二优先级选择——很热爱，有资源，但不擅长
我罗列出来的项目有哪些符合：

第三优先级选择——很擅长，有资源，但不热爱

我罗列出来的项目有哪些符合：

第四优先级选择——很热爱，很擅长，但无资源

我罗列出来的项目有哪些符合：

2. 用户定位（我的知识产品可以卖给谁？）

通过对知识产品的定位，你已经可以大致分析出自己拥有哪些能力和哪些知识储备了。下一个动作就是，需要分析你的用户群体了。

"用户定位"也可以叫"用户画像"。简单来说就是你要知道自己的知识产品最终研发出来是供谁使用的，对哪些人最有价值，这些人有什么特点，喜好与需求是什么，并愿意为你提供的产品和服务支付费用。

"定位"的关键就是"精准"，用户定位越精准，对于后期你的产品售卖越能起到更大的作用。如果用户定位找得不精准，那么最后就不能实现变现的目的，更谈不上你个人品牌的塑造。

（1）用户定位的重要性

举两个例子：

例子一：如果你要请人吃饭，一定得先知道对方喜欢什么口味，如果你事先连对方喜欢吃什么或有什么禁忌都没有了解清楚，就算你亲自操刀做了一桌子的山珍海味，对方也可能会说一句："不好意思，我吃这个会过敏……"那这一切都是白费。如果对方正好还是对你非常重要和关键的人，比如是你未来的岳父岳母，或者是你商业上正在谈判的对象，对你的负面影响就会很大。

例子二：假如我现在手里有一瓶矿泉水，我想把这瓶矿泉水以一百元的价格卖给正在读此书的你，我的胜算有多少？这基本是不可能的，因为这瓶矿泉水厂家的建议零售价就是两元人民币一瓶，这是众所周知的事情，包括你在内。

但如果我将这瓶矿泉水的用户群体定位成"在沙漠里即将渴死的人"，你觉得这类人群是否愿意用一百元来换自己一次活命的机会？我们相信大部分人的答案都是"会"。

虽然这种情况过于极端，只能算是个例，但是极端和个例并不代表这样的事情不存在。

（2）用户定位的核心因素

影响用户定位的核心因素涵盖了市场环境和需求、目标用户的特征和行为方式、产品和服务的特性与优势、成本与收益预期、法律法规与政策环境、渠道与触达方式等多个方面。在制订用户定位策略时，需要综合考虑这些因素，并根据实际情况进行灵活调整，以确保定位的准确性和有效性。

①市场环境和需求

了解市场的整体环境和需求趋势是必须的，了解市场的消费倾向和相关竞争情况也是至关重要的。通过尽量全面地了解，可以更准确地洞察目标用户群体的需求和痛点。

还有一点，如果可以将广泛的市场分割成更小、更具体的细分市场，那么你就可以更精确地满足不同用户群体的独特需求。

②目标用户的特征和行为方式

可以进行分析和收集的用户相关信息包含但不限于下面几类：

1）人口统计学特征：包括年龄、性别、职业、婚姻状况、生育子女数量、教育程度、家庭收入、城乡分布等，这些信息通常是静态的，短期内变化不大，收集后可以发挥的持续性价值会比较长久。

2）用户行为特征：包括购买行为、消费习惯、使用习惯、浏览习惯、使用频率、互动情况等，这些数据是动态的，随时会有变化，一定要长时间持续性地关注。

3）用户心理特征：包括兴趣爱好、价值观、消费态度等，这些信息相对比较难收集，也比较难直接验证和测试，但是也可以通过一定的方法和工具，间接地进行分析，后续章节我们还会为大家讲解到。

通过对这些特征的分析，可以更好地了解目标受众的需求和行为，从而针对你的产品和服务制定更加精准的营销策略和推广活动，提高营销效果和转化率。

当然，有些信息你不可能一次性就能全部了解到。很多时候都是在你已经为用户开始提供产品与服务后，或是用户开始使用你的产品与服务后，才能够自然显露出来的。并不是说你一定要把上面所有信息都了解透彻了才开始行动，那也是非常不适合的。而是当你了解到足够的信息可以有助于佐证你的用户定位了，你就可以开始行动了。

人口统计学特征：

年龄、性别、婚姻状况、生育子女数量、职业、教育程度、家庭收入、城乡分布等。

用户行为特征：

购买行为、消费习惯、使用习惯、浏览习惯、使用频率、互动情况等。

用户心理特征：

兴趣爱好、价值观、消费态度等。

图 2-3　目标用户的特征和行为方式信息

③产品和服务的特性与优势

你的产品与服务的核心功能、独特卖点和附加值是用户定位的基础。清晰地认识自身产品与服务是否能满足的用户特定需求，是有效进行用户定位的前提。

④成本与收益预期

在进行用户定位时，还需要考虑产品或服务的成本与收益预期。不同的定位策略可能需要不同的投入和资源配置，因此需要在满足用户需求的同时，确保你自己的成本效益的合理性。

⑤法律法规与政策环境

不同地区的法律法规和政策环境对不同产品或服务的定位也会产生影响。例如，某些地区可能对某些行业有特定的规定或限制，这需要在前期做用户定位时予以考虑。

同时，政策环境的变化也可能带来新的市场机会或挑战，我们需要密切关注并灵活应对。很多看起来非常好的产品和服务都会出现"水土不服"的情况。这种"水土不服"，很多就是因为当地用户群体的不买单而造成的，并不是产品和服务本身质量出现了问题。

⑥渠道与触达方式

用户获取你的产品、服务信息和消费渠道（如社交媒体、线下门店、线上电商平台等）不同，会直接影响信息传递的方式和效果，进而影响用户定位策略。你的目标用户哪些喜欢去线下买东西，哪些喜欢足不出户地消费，这些与你是否真的了解你的用户有关。

除了上面所列出的各类因素，还有诸如市场竞争环境、企业文化和价值观、技术的创新与发展能力、自有资源的利用等方面，都会对你的用户定位产生一定的影响。这些相关的延伸内容我们会在线下的分享和课程中为大家更多地讲解到。

进行用户定位是一个持续的过程，需要根据市场反馈、用户行为的变化以及市场环境在演进中不断地调整和优化。正确实施用户定位有助于你能够更有效地聚焦资源，提高市场响应速度，增强用户黏性，最终实现业务增长和品牌忠诚度的提升。

（3）做好用户定位的方法和流程

①明确业务目标和市场需求

确定你的产品与服务的主要功能和目标市场；

分析市场需求，了解潜在用户的真实需求和痛点。

②收集和分析用户数据

通过市场调研、用户调查、数据挖掘等手段，收集用户的基本信息、行为数据等；

对收集到的数据进行深入分析。识别用户的特征和偏好。

③创建用户画像

基于用户数据，构建具有代表性的用户画像，对每个用户画像进行详细地描述和定义。如果有条件，可以为每个细分市场创建一个或多个典型的用户画像。

用户画像应包含详细的人物描述，如姓名、年龄、职业、收入水平、日常活动、痛点、需求、购买动机等，使之成为一个生动具体的虚拟人物代表。

④确定目标用户群体

根据业务目标和市场需求，筛选出最符合产品定位的目标用户群体；

对目标用户群体进行优先级排序，确定重点关注的用户群体。根据市场规模、增长潜力、服务成本和发展战略等因素，对不同的用户群体和需求进行优先级排序，确定核心目标用户群。

⑤验证和优化用户定位

通过实际的产品运营和市场反馈，验证用户定位的准确性。通过原型测试、小规模市场测试或 A/B 测试等方式，验证用户定位的准确性和有效性，根据反馈结果调整用户画像和市场策略。

根据验证结果，不断优化用户定位策略，确保定位始终与市场需求保持一致。

⑥持续监控和调整

后期一定要定期对用户定位进行回顾和评估，确保其与业务目标和市场变化保持同步。

用户需求和市场环境是不断变化的，因此用户定位不是一次性的任务，需要持续收集用户反馈，监控市场动态，及时调整和优化用户定位策略。

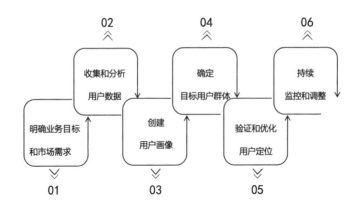

图 2-4 做好用户定位的方法和流程

在新媒体运营上，用户定位的方法在上述基础上还有下列三种方法可以使用：

方法一：选择合适的新媒体平台

根据你的目标用户的新媒体平台使用习惯，选择他们活跃的平台，如微信公众号、微博、抖音、快手、B 站、小红书、头条、视频号等；

充分考虑各平台自身的属性特点和对应的用户画像，确保所选平台与你的目标用户高度匹配。

方法二：花时间多观察用户互动行为

什么是"互动"——点赞、评论、转发、收藏、私信等都是互动手段和行为。你需要做的就是花时间多看看和自己产品有关联的或有竞争关系的各类账号所属的相关互动信息，而且一定要认真看，尤其是对产品提出了疑问、建议、意见、抱怨甚至质疑的。

因为会写下这些留言的，会做出这类互动操作的人，都是你的潜在用户！

他们的喜好、情绪、意见、期望等，都会在平台或者账号上呈现，你只需要把这些零散的信息好好整理和收集起来，把自己想推出去的产品和服务用来一一做对比和分析，你就能清楚地知道你的用户想要什么，他们的痛点和需求到底在哪里。

方法三：充分利用数据分析工具

利用新媒体平台提供的后台数据分析工具，如用户访问量、点击率、停留时间、转化率等数据。这些数据很多都是你可以免费看到的，先把能够免费使用的部分充分使用好，再花点成本去研究和分析更深层的数据。

通过第三方数据分析工具进一步细化用户行为分析，了解用户互动模式和内容偏好。这些工具的使用一定会产生成本，但我们仍然强烈建议让付出这些成本，因为有了工具的加持，你的用户分析会做得更精准。

表 2-4　用户画像示例表一

用户ID	性别	年龄	职业	兴趣爱好	婚姻状态	教育程度	使用手机	…
×××	男	25岁	程序员	编程、游戏	未婚	本科	××	…
×××	女	30岁	设计师	设计、旅游	已婚	研究生	××	…

表 2-5　用户画像示例表二

属性类别	属性项	描述信息
基本信息	年龄	25—34 岁
	性别	女性
	职业	建筑设计师
	收入水平	￥10,000/月—￥15,000/月
	……	……
地理位置	所在地	上海市
行为特征	购物偏好	在线购物，注重品质与性价比
	社交媒体活动	主要使用微博、小红书，关注科技资讯
	……	……
心理特征与需求	痛点	工作压力大，寻求高效生活管理工具
	兴趣爱好	旅行、瑜伽、阅读科技博客
	价值观与动机	追求工作与生活的平衡，重视个人成长
	……	……

　　我们再把上述的内容简单总结归纳一下：你需要做的是，通过各种方式，比如市场调研、数据分析、观测对标账号的粉丝画像等，去尽量全面地找出你的目标用户的各类特征。比如他们的年纪、住址、职业、收入、喜好等，然后通过后期逐步对产品和服务做测试性的投放，再不断优化与调整你的用户画像。

　　同时，用户信息了解得越多、越准确，你才能更好地为用户设计产品与服务，让他们更喜欢、更满意，也能更有效地推广自己的产品。

所以，用户定位就像是给你指路的一盏明灯，能够让你更清楚地知道该往哪儿走，让你能找到更多的客户，卖出更多的产品。

手脑并用

根据你想要生产的产品和服务，初步设想和分析一下自己的目标用户群体特质有哪些，然后再根据我们告诉你的操作办法，去你的对标账号和对标博主那里初步验证一下你预想的这些目标群体是否符合你的产品和服务的用户标准。

性别	年龄	兴趣爱好	职业和角色	家庭状态	教育程度	使用电子设备情况	其他信息
我的产品和服务主要针对男性还是女性？	我的产品和服务主要针对哪个年龄层受众？	我的产品和服务的受众一般都喜欢干什么、喜欢看什么？	我的产品和服务的受众一般都在从事些什么工作或者充当着些什么角色？	我的产品和服务的受众普遍都结婚了吗？有小孩吗？小孩一般都多大的呢？家里有老人吗？	我的产品和服务的受众一般都是什么学历的呢？	我的产品和服务的受众一般都用什么品牌手机为主？都还在使用些什么其他电子产品吗？	

3. 人设定位（我是谁？用户为什么在我这里买？）

人设定位，全称为"人物设定定位"，这个概念源自于文学创作、动漫设计等领域，后来被广泛应用于社交媒体、个人品牌建设、网络营销等多个领域。

简而言之，人设定位就是让大家知道你是谁，而且能够快速地识别你，并且产生深刻的记忆，包括你的外在形象和表现，还有内在特质等。

在个人或企业的品牌建设中，人设定位也可以理解为品牌独有的个性或形象的塑造，它是基于希望品牌传达的价值观、市场定位和目标消费群体的偏好等来设定。

品牌人设也需要通过故事讲述、视觉标识、产品体验等多维度来丰富和完善，使之成为一个具有辨识度和吸引力的"人格化"存在。

人设定位有助于个人或品牌在众多竞争者中脱颖而出，建立独特的专属形象，吸引并保持特定群体的关注。在现在这个社交媒体快速发展的时代，一个清晰且具吸引力的人设对于内容创作者、网红群体，甚至企业家等来说都尤为重要，因为它直接关系到他们能否有效传达信息、建立忠实粉丝群以及实现最终的商业目标。

（1）打造人设定位的好处

人设定位准确能够为你带来多方面的好处，尤其是在社交媒体、内容创作、个人品牌建设等领域。

①提升辨识度和记忆点

一个清晰且独特的人设能够让人快速记住你，形成鲜明的个人标签，从而在众多竞争者中脱颖而出。

②增强粉丝黏性

当人们认同并喜爱你的人设时，他们更可能成为你的忠实粉丝，持续关注和支持你的内容或产品，促进粉丝社群的形成和持续的活跃度。

③获取更多流量和曝光

精准的人设能吸引精准的目标受众，通过内容的分享和共鸣，自然获取更多推荐与流量，能迅速扩大你的影响力范围。

④内容变现和商业合作

明确的人设便于围绕其创建高价值的内容，无论是带货、广告合作还是知识付费等，都能因明确的市场定位而变得更加高效，从而帮助你快速实现盈利。

⑤建立信任和权威

如果你能在特定领域内持续输出高质量内容，可以让人设与专业性挂钩，就能逐渐树立起你在某个行业内的权威形象，增加用户的信任感。

⑥持续的品牌效应

长期保持一致且吸引人的人设，就能使你成为稳定的个人或企业品牌形象代言人，这种品牌效应会随着时间累积而增值，为个人或企业带来更长远的利益。

准确的人设定位是个人品牌成功的关键之一，它不仅关乎外在形象的塑造，更是内在价值和能力的有效传达。

（2）人设标签

我们将人设标签分为六类，你可以根据这些标签来全方位的"审视"自己，给自己归纳总结出一个独一无二的人设。

①性格标签

幽默风趣、开朗活泼、热情洋溢、冷静理智、敏感细腻……

了解自己的性格是一个深刻且持续的过程，可以通过多种方式来进行。

1）利用测评工具

参加一些科学设计的性格测试，如 MBTI（迈尔斯-布里格斯类型指标）、九型人格测试等，可以提供关于你的性格倾向的有用信息。但请记住，这些测试只是参考，不能完全定义你。

2）自我反思

定期花时间思考自己的行为、情绪反应和决策背后的动机。可以记录这些反思，帮助你追踪和理解自己的行为模式。

3）征求他人意见

向亲密的朋友或家人询问他们对你的看法，特别是关于你的优点和可能需要改进的地方。从他们的视角可以帮你看到自己未曾注意到的一面。

4）观察自己的人际互动

注意你在不同社交场合中的表现和感受，比如你是更喜欢独处还是群体活动？你是倾听者还是讲述者？这能揭示你的社交偏好和性格特点。

方法不仅仅限于上面所描述的几项，了解自己的性格是一个动态过程。随着生活经历的丰富和自我的成长，你的性格也可能发生变化。但是只要你一直保持积极正向的心态，就能持续保持你的性格，不会经历大幅度的波动。

MBTI	DISC	PDP	九型人格	FPA 性格色彩
外倾、内倾 实感、直觉 思考、情感 判断、感知	D：Dominance（支配性）、I：Influence（影响性）、S：Steadiness（稳定性）、C：Compliance（服从性）	支配型——老虎 外向型——孔雀 耐心型——考拉 精确型——猫头鹰 整合型——变色龙	完美主义者 全爱自助型 成就型、自我型 智慧型、忠诚型 活跃性、领袖型 和平型	外向——红色、黄色 内向——蓝色、绿色 红色·快乐动机 蓝色·完美动机 黄色·成就动机 绿色·稳定动机

图 2-5　性格测试工具

②职业和角色标签

医生、老师、警察、程序员、演员、志愿者……

你现在所从事的某个工作，或者你正在担任的某个角色，大概率是因为你过往所学到的知识，或你正好具备的某些技能能够解决某些事情。这个标签能够帮助你最快发现自己的知识储备有哪些，或者说从使用哪些知识开始有可能是最快捷的办法。

我们给你几点建议，希望可以让你更充分地发挥与利用好你

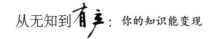

当下这个职业的优势。

1）深入学习

深入了解你现在所在职业领域的各类信息，包括最新的行业动态、技术发展、政策变化等。积极参加相关培训、获取专业证书、阅读行业报告和专业书籍，不断提升自己的专业知识和技能。这不仅能增强你在行业内的竞争力，也能为你在未来能够生产相关知识产品奠定最扎实的基础。

2）建立人脉网络

在任何职业中，人脉都是非常宝贵的资源。积极参与行业会议、研讨会、工作坊和社交活动等，与同行建立联系、分享经验、互相学习。拥有一个强大的人脉网络，终有一天会为你带来丰厚的回报。

3）提高工作效率

利用现有的职业技能和工具，不断寻找提高工作效率的方法。比如，掌握高效的时间管理技巧，使用专业软件或 App 来自动化重复性工作，或是优化工作流程以减少不必要的步骤。这样不仅能提升个人表现，也能为你未来生产的知识产品创造出更多可实际操作的辅助技能与工具。

4）保持积极态度

保持积极向上的心态至关重要。积极正面的心态不仅能帮助你更好地应对各种挑战，也会感染周围的人，这样的心态还能够帮助你在未来不惧任何困难。

有人还说，现在的工作不是自己想做的，完全就是为了生活和挣钱而工作，这也没有关系，你有如下两个选择：

一是让自己先坚持下去，在这个工作岗位上多积累，不要浪费了你当下的时间与机会。如果你因为"不喜欢"而选择完全"躺平"，那么你最终什么也得不到。

二是如果你有了新的方向和目标，并且有一定的实施条件，就尽快选择更换工作或者尽快着手其他事情。这样你也就能在新的领域或者新的职位上全身心投入。

③兴趣标签

唱歌、跳舞、足球、篮球、羽毛球、阅读、画画、烹饪、健身……

兴趣标签是一种用于标识个人兴趣、偏好或特定主题分类的关键词或短语。它们现在已经在各个网络平台、社交媒体、内容推荐系统中得到了更广泛的应用，有了这些标签信息也便于内容的分类、归档和个性化推荐。

兴趣标签一方面有助于用户快速表达自己的喜好，同时使得系统能够更好地理解用户的需求，从而能够提供更加精准的内容或服务。另一方面更有助于你把自己表达和呈现给你的受众。

兴趣标签可能包括你去过的地方、喜爱的美食、常用的品牌、偏好的运动，以及喜欢的电影、歌手和游戏等，你能通过这些标签展现个人兴趣，并找到有共同爱好的朋友。有了这类朋友圈，就有了潜在的消费者。有更多的朋友，就意味着你有了更多在未

来潜在的为你知识产品买单的用户。

我们还想告诉你的是，不要把"兴趣爱好"仅仅停留在"喜欢"层面，你要把你的爱好玩得非常专业，或者把自己感兴趣的事情研究得非常深入，才能构建出自己在某个圈子里的影响力，才能把爱好变成未来的事业。

比如：你喜欢健身，你的身材练得非常好，还能够说出健身应该如何正确地搭配饮食；你喜欢读书，你能随口说出很多本书的知识精华和要点，能在任何场合分享自己对某本书的独特观点，能教大家怎样看书可以更有效率。能做到这些，你就能把你的知识很快用来变现。

④外貌标签

打造外貌标签通常是指通过不同的方式来塑造或展示个人外观上的特色，从而形成独特的个人形象或风格。这既包括实际的外貌改变，也涉及如何通过服装、化妆、配饰以及形象展示等方式来强化个人特点。

首先，深入了解自己的外貌特点、肤色、体型以及个人风格偏好。

根据自己的职业、生活方式和个人喜好，确定一个或几个适合自己的风格方向，比如简约、复古、优雅、街头等。

选择能够凸显个人风格的衣物，注意颜色、剪裁与自身气质的匹配。服装是传达个人形象最直接的方式之一。"人靠衣装马靠鞍"是古人就已经总结了的道理。

学习适合自己脸型、肤色的化妆技巧，以及日常的皮肤保养。化妆可以突出面部特点，强化个人魅力。不管是男士还是女士，好的肌肤状态都是一定需要的。

发型对整体形象影响巨大，选择一个与自己脸型相配，且能体现个性的发型至关重要。

其次，巧妙地使用配饰，如手表、项链、耳环、帽子等，可以为整体造型增添亮点，也是展现个性的好方法。

恰当的身体语言与优美的姿态也是可以通过刻意的训练来达成的。自信的姿态和得体的身体语言是个人形象的重要组成部分，良好的仪态能够提升个人整体的气质。

最后，创造或借用一些具有代表性的符号、标语或图案作为自己的标志。这可以是文身、特定的服装元素或个人签名等。

每个人都是独一无二的，打造外貌标签的过程应当是一个自我探索和表达的过程，而不是盲目追随潮流。当然，为自己设定一个专属外貌标签的目的就是为了让人对你过目不忘，并且有机会对你"一见钟情"。如果你的用户都不想看你，甚至一想到你就感觉不适，那么即使你的知识再丰富，再有价值，也很难打动他们。

⑤年龄标签

年龄标签的确定相对简单，但是我们想提醒你的是，不要给自己"强行"变更年龄。"祝你永远18岁"就限于祝福语就行了，你不要真的让自己永远停留在18岁，你要体现给周围人的是符

合你年龄的行为处事方式和底蕴。"男人就是永远长不大的小孩"这种话还是留给真正长不大的人吧。如果你已经人到中年，带给用户的却是一个"嘴上无毛，办事不牢"的印象，凭什么要求别人相信你传达给他们的知识是足够专业和有用的呢，大家就更不可能为此而支付费用了。

⑥家庭标签

家庭标签也可以理解为你的家族标签。每个人从小成长的环境和所经历的事情都是不一样的，"书香门第""官宦世家""子承父业"……这些成语描述的就是某个人或者某个家庭的传承。这类标签可能从你一出生就印刻在了你的身上，不管你接受与否，它都会一直跟着你。但是你能否"利用"好它，就取决于每个人不同的本事了，因为这类标签也能为你日后融入某个群体或圈层带来方便。

现在连粉丝群体都是有"家族"的。为什么有的歌星和演艺明星那么重视自己的粉丝，最主要的原因就是因为庞大的粉丝家族能够为他们带来无比丰厚的利益与名誉。

你的家庭和家族也能为你带去相应的各种资源，不管是物质资源，还是人脉资源。当你需要使用这些资源的时候，你身上的这个标签就能发挥巨大的作用。

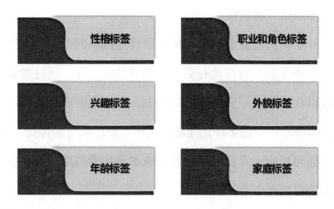

图 2-6　人设定位六大标签

二、做好微创新

当你已经了解和掌握了怎么给自己的产品与服务定位、用户定位和人设定位，接下来要做的事情就是结合市场化的需求，为你这个即将生产出来的知识产品做好"微创新"。

周鸿祎在 2010 年的中国互联网大会"网络草根创业与就业论坛"上提到："用户体验的创新是决定互联网应用能否受欢迎的关键因素，这种创新叫'微创新'，'微创新'引领互联网新的趋势和浪潮。"

"微创新"就是一种以用户体验为核心，侧重于在现有产品或服务的基础上进行小幅度但具有影响力的改进的创新策略。这种创新方式并不专注于开发革命性的新技术或彻底改变市场格局，而是通过细心观察并理解用户需求，对产品或服务的某些具体方面进行优化和调整，以实现更优的用户体验、提高用户使用效率或增强用户满意度。

在互联网高速发展和市场化竞争日益激烈的今天，微创新对于企业和个人的发展都具有更为重要的参考意义。通过微创新，我们可以在不颠覆原有模式的基础上，逐步提升产品或服务的价值，从而满足用户的多样化需求，获得市场的认可和接受。此外，微创新还可以大大降低前期的经营成本和运营风险，提高运营效率，进而提升竞争力。

1. 微创新的特点

（1）强调改善用户体验

关注用户使用产品和感受服务的每一个细节，深入理解用户的真实需求，解决用户在使用过程中遇到的具体问题，坚持秉承"从群众中来，到群众中去"的指导思想。

（2）从细微处着眼

关注产品和服务的最细微之处，寻找用户在日常使用中可以优化的最细微之处。

（3）快速实施与迭代

由于微创新关注的是产品和服务的细节改进，因此其研发周期相对较短，可以快速进行推广和迭代。即使初次尝试不成功也能迅速调整方向，持续优化。

（4）用户参与

想要做好微创新，就一定要鼓励用户积极的反馈和参与，使这个创新过程更加贴近市场需求。

（5）低成本和高效率

由于微创新只需要聚焦于细节的改进，所以其投入成本相对较低，同时能够快速带来效益。

当然，微创新也并不意味着你推出的产品和服务一经面世就必定一炮而红，微创新需要的是持续不断地寻找用户的需求点，然后持续不断地去调整和优化，这就要求你和你的团队能够有持续的微创新的能力，同时要有坚韧不拔的毅力。

2. 微创新的流程

关于怎样做好微创新和其具体的操作方法，网络上和书本里已经有很多人给到了大家繁多的方法，我们在这里就不给大家累赘重复叙述了。

本书想要给到你的意见和操作流程，结合了现在各类互联网工具和新媒体平台的实际情况，为大家梳理和总结出来了更有实操性的一些方法，希望你能够直接操作并取得好的结果。

（1）找到对标的知识产品

你想要生产的知识产品是什么？比如你想把自己熟练的炒菜技巧生产成知识产品，那你首先要做的是在网上大量寻找你认为做得好的相关内容。不管是文字、视频、音频，还是其他任何形式，或者是其他人已经成形的各类知识产品。比如别人已经开发好的课程，只要和你想做的内容有关，你都可以尽可能多地收集下来，然后好好学习和研究，下一章的内容里我们还会专门教会大家怎样去学习和研究。

（2）找到对标对象

找到可供模仿和学习的博主或作者，好好观摩与学习他们的各类账号、书本内容，也可以向他们去求教与咨询。他们的存在告诉了你一条"真理"，那就是，他们在你想要登上的这条赛道已经取得了一定的成绩，至少说明了你选择的方向没有问题，你想要生产的知识内容，一定有人愿意为之付费。

如果你无法找到对标对象，那你必须给产品重新定位了，并需要回到第一步去认真分析一下。否则就算费了九牛二虎之力将该产品生产出来，却发现无人为之买单，那它就没有任何意义。那这是否说明没有找到对标对象，知识变现这条路就没法走了呢？也不是。如果你的知识产品完全能填补市场空白，或者你有足够垄断的资源条件，你也可以继续尝试。

关于怎样找到对标对象，下列方法与步骤可供大家实操：

①关键词搜索

在相关的社交平台、视频平台（如抖音、B站、快手、小红书等）或博客平台上，使用与你的内容主题紧密相关的关键词进行搜索。例如，如果你想制作美食类内容，可以搜索"美食制作""烹饪教程"等关键词。

②分析搜索结果

在关键词搜索结果中出现的账号，重点关注那些内容质量高、风格接近你所设想的并且与受众互动频繁的账号。注意它们的视频标题、封面设计、内容结构、拍摄手法和编辑风格等。

③关注同行账号

主动关注你想要生产的内容领域内的头部账号和新兴热门账号，跟踪他们的内容更新和互动情况，这非常有助于你实时掌握行业趋势，了解什么样的内容更受大众用户欢迎。

④查看标签和话题

注意观察这些账号使用的标签和参与的话题，通过这些标签和话题进入更广泛的同类内容池，发现更多同类型账号。

⑤分析数据指标

关注所有这些账号的粉丝数量、点赞量、评论量、分享量等数据，分析哪些内容更受欢迎，了解其成功的原因。最终用于指导自己内容的生产与优化。

⑥参与讨论

加入相关领域的在线社群、论坛或微信群、QQ 群等，从交流中获取更多推荐或行业内部信息。浏览相关账号内容的时候，一定要记得点开用户的评论认真观看，而且一定要参与互动。因为这些对标账号下的用户在说些什么，在讨论些什么，都是能够为你生产产品提供最直接的方向和定位点。

⑦持续地观测与调整

因为用户喜好和市场趋势不断变化，因此，找到对标对象后，持续关注其变化，同时灵活调整自身策略。

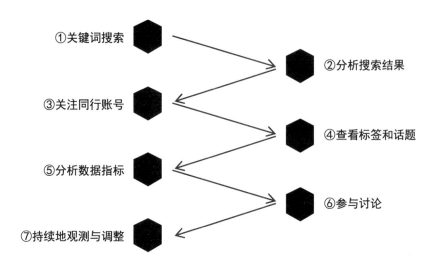

①关键词搜索　②分析搜索结果　③关注同行账号　④查看标签和话题　⑤分析数据指标　⑥参与讨论　⑦持续地观测与调整

图 2-7　如何找到对标账号和博主

通过上述方法和流程，你可以快速找到与自己内容定位相匹配的对标对象，从而学习、借鉴并最终形成自己的特色。

3. 深度思考和分析

当你偶然看到了一个很夸张的标题、一件突发的事件，或是一张充满各种挑逗元素的图片封面，你是否会有被其吸引并想点击进去观看的冲动？

你迅速滚动屏幕，快速地浏览这篇文章或者这条视频。然后再翻看一些评论，要么点赞、评论一番，要么收藏并转发这条内容，在短短几分钟甚至几秒钟内你就做完了上面所有动作。继而快速地滑动屏幕，从这一则内容跳到下一则，从一个话题飞奔到另一个，陷入了永无止境的信息轮回。

这样的场景是否让你感到熟悉？

尽管你每天消耗了大量时间来获取各种信息，但却很少有机会深入思考这些内容带来的价值，或者考虑这些内容对你自己的观点和决策产生了什么影响。

在现在这个每天信息量爆炸的时代，能够静下心来思考与分析已经变成了一项非常难能可贵的技能，因为大部分人都想"快速"获取财富，从而忘记了要达到这个目的需要走的路。

时至今日，随着互联网技术、人工智能高速发展，更多人只想要"一夜暴富"，不愿意或者根本不了解要想达到这个目的需要做些什么。不管是网络上的初代红人，还是新晋网络红人，也许他们最开始确实没有太多的思考，但是请相信，当发展到某个阶段后，他们都一定会静下心来思考与分析自己之前所有生产的内容与日常的运营，而且一定还会找来一群人一起分析和总结，这个动作就是在组建团队了。例如"东方甄选""与辉同行""交个朋友"等这种公司运营的账号，他们的团队每天都会做一个动作叫"复盘"。什么是"复盘"？简单来说就是总结与分析，然后思考怎样改进与调整，并且迅速将其投入到新一轮的实操当中。关于具体的复盘技术和方法，我们会在后续的书本内容，以及线下分享和课程中为大家详尽讲解。

成功了的人每天都在思考和分析，你为什么不做呢？

（1）深度思考的重要性

①提升解决问题能力

养成深度思考的习惯，能使我们更全面地分析问题，能考虑到更多的解决方案及其后果，从而能够找到更好、更多解决问题的方法。

②增强决策质量

通过深入分析信息、权衡利弊、考虑长远影响等方面的深度思考，有助于做出更加明智和理性的决策。这能减少因冲动或信息不足而导致的错误决策。

③增强批判性思维

在深入分析各种繁琐信息的过程中，我们能学会质疑信息来源、评估相关证据，这对于识别信息是否有用至关重要。

④促进创新与创造力

深入探索某一领域或问题，往往能激发新的想法和创新解决方案，推动你的产品和服务不断升级与迭代。

（2）如何培养深度思考的习惯

想要得到深度思考的好处，就一定要养成下列习惯：

①定期阅读

选择有深度的书籍、文章或论文进行阅读，特别是那些能够挑战你现有认知的内容。阅读后，再花时间反思所读内容，尝试提出问题、总结观点或与自己的经验相联系。

②写作与记录

通过写作来整理思绪，无论是日记、博客还是学术论文。写作迫使你需要更清晰、更有逻辑地表达思想。而且养成了记录的习惯后，你就能够随时随地找到灵感，并且想要实践你的灵感的时候能够立马采取行动。

③定期反思

定期花时间回顾自己的思考过程和决策结果，反思哪些方法更有效，哪些需要改进，以此逐步优化思考模式。自我反思有助于提升自我意识，使思考更加深刻。

④对话与探究

与他人就感兴趣或有争议性的话题进行深入讨论，倾听不同的声音，通过交流促进思维的碰撞与深化。讨论可以激发新的思考角度，他人的反馈也是促进自我提升的宝贵资源。

⑤独处与思考

在日常生活中安排一些独处的时间，远离电子设备和外界干扰，给自己一个静默的空间去思考与冥想。这种静谧有助于深入思考和创意涌现。

⑥保持健康的生活习惯

良好的睡眠、饮食和适量的运动对维持大脑处于最佳状态至关重要。身体健康是深度思考的基础。

（3）深度思考和分析下列 3 点

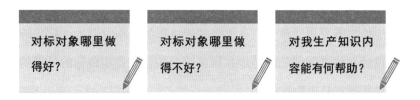

图 2-8　需要深度思考和分析的 3 点

对应需要分析和解决的问题就是：他们已经做得很好的方面我能不能做到？他们做得不好的方面我能不能改进并且把它做好？如何在我的知识产品和服务里体现出不同？

深度思考和分析是一个持续的过程，需要时间和耐心去培养。在信息过载的今天，它不仅仅能让你时刻保持清醒，也能让你保持住个人的判断力，更关键的是能够让你生产出更适合当下的产品和服务，让你的用户时刻保持与你的黏性。

4. 呈现更有价值的差异化

什么叫"差异化"？什么是"有价值的"？用一个词就能概括，即"独特性"。我们想强调的是怎样实现个人知识内容的独特性。它能为你的用户带来额外的价值，使得你的产品或服务不仅仅在价格上有竞争力，还能在满足用户独特需求、大幅提升用户体验满意度、或者创造完全崭新的需求方面脱颖而出。

有差异化的独特性不仅能帮助你在众多竞争对手中脱颖而出，还能更加符合用户对产品或服务的需求或偏好，从而愿意为你支付更高的价格，对你表现出更高的忠诚度。

为什么一定要做出差异化？

一是可以增强竞争优势

在现在高度竞争的市场环境下，产品或服务拥有差异化才能够让其从众多竞品中脱颖而出。通过提供与众不同的价值，你才能够吸引并保留住更多客户，从而在市场中稳固地位。

二是提高顾客满意度和忠诚度

差异化策略能更好地满足用户的个性化需求，增加用户对产品或服务的满意度。满意度高的顾客更可能成为你忠实的客户，才会长期重复购买，并通过口碑传播为你带来更多新客户。

三是增加产品附加值

独特的服务或产品特性可以提升其在消费者心目中的地位，使你的产品或服务能够在保持、甚至提高价格的同时，仍然吸引住用户，从而增加收入，提高利润。

四是塑造和增强品牌形象

差异化的服务和产品有助于建立和巩固你的品牌形象，提高品牌的知名度和美誉度。一个鲜明的品牌形象也能有效区分你与竞争对手的不同，形成独有的品牌忠诚度。

独特的差异化包括但不限于以下几类，我们在后续内容和线下分享及课程中会为大家逐一分析。

（1）看待问题角度的差异化

我们在讲述历史的时候，经常会忽略或者刻意回避从某种角度来表达一些事实。

讲三国的时候，绝大部分的人都会从刘备、诸葛亮、关羽、曹操，甚至董卓、吕布的角度出发来讲述这段波澜壮阔的历史。却很少有人会一开始就从孙权、张飞、荀彧这类人的角度出发来延展。他们都被大家无意识地放在了"配角"的位置上，但他们在那段历史中所起到的作用却又是无法磨灭的。

当我们聊到大唐盛世的时候，很多人都记住了"贞观之治""开元盛世"，乃至"安史之乱"。很多人一说起唐朝，就是从"李渊""李世民""武则天"，甚至"狄仁杰"开始来描绘这段历史。却没多少人能够记住"李建成""李密"，更不用说知道"凌烟阁二十四功臣"有哪些。但是如果没有这24位功臣的大力辅佐，李世民永远也成不了"唐太宗"，不管是正史的记录者，还是讲书人，都几乎很少从这些人的角度出发去描述。

造成这样的原因有很多，但是，很多时候看待问题，千万不要有先入为主的思想和惯性思维。因为仅凭过往的经验或偏见看待问题，总会带来不准确的判断，从而忽略了事实的多面性与复杂性。从多角度思考和获取信息，才能帮助我们更全面地理解和分析相关信息，这些角度包括它的背景、相关因素、不同利益相关者的立场以及可能产生的各种影响。

我们一定要站在用户的角度去思考和分析我们生产的知识产品和服务内容是否是用户所需要的，到底有没有真正打动到他们。同时，也需要从多角度分析竞品的各类信息。唯有如此，我们才能准确找到突破口，从一个竞争点入手，逐步占领市场，最终获得收益。

（2）体验感设计的差异化

产品和服务的体验感是指用户在使用某个产品或享受某项服务的过程中，所感受到的印象与情绪反应。它涵盖了从用户接触产品或服务的初步印象，到贯穿整个使用过程中的具体感受，再到使用后的满意度等多个方面。

对于产品而言，体验感通常涉及产品的设计、功能、性能、易用性等方面。对于服务而言，体验感则更多地关注服务过程中的互动和响应。

那么对于上述内容性产品而言，用户的体验感更多的来源于你提供的内容对其是否有价值，内容的表现形式是否是大家更喜欢的，交互方式是否更有吸引力，内容的趣味性、互动性是否更有创新性等。

要想设计出差异化的体验感，可以从下几个方面入手：

①个性化推荐

充分利用现在的人工智能和机器学习技术，分析用户的浏览历史、兴趣偏好、学习进度等数据，为每个用户提供定制化的内容推荐。这种个性化的体验可以大大提高用户的参与度和满意度。

②互动式学习

设计互动性更强的学习模块，如模拟实验、互动问答、情景模拟、实时反馈等，让用户在参与和实践中学习，而不仅仅是被动接收信息。这能增强学习效果，同时提升用户体验的趣味性。

③社群建设

构建围绕知识内容的学习社群或论坛，鼓励用户之间的交流、讨论和合作。社群不仅能够促进用户间的相互学习，还能增加用户对产品的黏性，形成独特的文化氛围。

④多媒体融合教学

结合文字、音频、视频、动画等多种媒介形式，根据你生产的内容特性采用更合适的表现方式，提升用户学习的直观性和吸引力。例如，对于复杂概念，使用动画解释；对于技能教学，提供操作视频等。

⑤游戏化设计

引入游戏机制，如积分系统、徽章收集、排行榜、挑战任务等，激发用户的学习动力和竞争意识。游戏化设计不仅让学习过程更有趣，还能有效促进用户持续参与和进步。

⑥个性化成长路径

为用户提供可定制的成长路径或学习计划设计，让他们根据自己的目标和节奏选择课程和学习顺序。这种自主性能够大大提高用户的学习动力和满意度。

⑦高质量的用户体验设计

保持界面简洁易用，导航清晰，加载速度快。视觉设计上追求美感和一致性，同时保证内容的高质量和准确性，这些都是优化用户体验的基础。

⑧持续反馈与优化

建立有效的用户反馈机制，定期收集并分析用户意见，快速响应用户需求和问题。我们需要持续迭代产品，不断优化用户体验。

除了上述给到大家的方法，我们还将在线下课程中带着你一步一步去做实操，不断打磨你生产出来的知识型内容，最终找到更适合你自己的产品类型与用户喜好的体验方式。

（3）产品组合的差异化

当你想要生产的内容产品不止一个的时候，你就一定需要考虑产品的各种属性和搭配组合了。比如，你想把自己做菜的技术整合为一套完整的知识产品，那你肯定不会局限于一道菜品的讲解，而是会尽可能多地展示自己对各种菜肴烹制的技巧和驾驭的能力。这就涉及到不同产品的定位和分层，还有相互之间的组合和搭配问题了。关于涉及到产品本身的差异化设计，可以采取的方式方法有更多，我们重点为大家梳理如下：

①产品定位及分层

还是以做菜举例，不同的菜系就有：鲁菜、浙菜、徽菜、粤菜、川菜、闽菜、湘菜、淮扬菜、东北菜、客家菜、上海菜等，不同的烹饪手法有：炒、爆、熘、炸、烹、煎、烧、焖、炖、蒸、氽、煮、烩等。你会哪些手法？你更擅长哪种技艺？为什么众多厨师都有自己的"独门秘籍"？各大餐厅都会推出独特的"招牌菜"？

从上述众多烹饪手法可以看出，产品定位和分层至关重要，关于如何实现知识产品定位，本书前文内容已有详细讲述，如果还未梳理清楚，可以返回"做好三个定位"的内容再次研读。

我们来看看产品分层。在传统的营销学里，可以将产品基本分为五个层级，分别是：核心产品、基础产品、期望产品、附加产品、潜在产品。这五个层级能比较完整的解释消费者选购和消费产品的全部心理过程，即如何从"核心产品"向"潜在产品"逐层扩展。

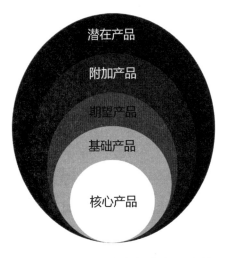

图 2-9　传统营销学中的产品分层

我们基于现在互联网和电商的产品运营思路，可以将对应的产品分为下面几个层次：

引流产品——流量款：吸引用户访问账号或店铺，提高品牌曝光度的商品。

标准产品——爆款：销量极高，相对受欢迎程度最高的商品。通常用于快速提升销售额，或者用于快速占领用户消费内心，并且可以急剧拉升商品的曝光度和传播力。

高价值产品——利润款：此类商品销量不一定很高，但是利润空间一定很大，而且可以将品牌的影响力提升到更高的层次。

定制产品——形象款：高端或设计独特，完全根据用户私人需求而生产的商品。可以用来提升整体的品牌形象和档次，也能将用户进行更精确的细分，针对性地提供让客户更满意和超乎想象的服务。

②产品分层的核心意义

1）能够更精准定位市场与用户需求

通过不同的产品分类，能够更好地满足市场上不同消费者群体的多样化需求。例如，引流产品主要针对的就是扩大用户基数和增加品牌曝光，特别是前期刚刚投入新产品的时候。而定制产品则专注于吸引和追求更高品质和特殊需求的高端用户群体。

2）更好的资源优化配置

分层策略有助于你能更高效地分配相应的营销资源和产品管理。例如，对于爆款商品，可能会投入更多的推广预算和确保充足的库存量以应对市场更高需求。当然，作为知识内容类型的产品，市场需求越高，你的边际成本也就会越小，也不会存在库存积压这个问题。而对于利润款的产品，则需要更侧重于成本的控制和设计利润率的最大化。

3）有利于提升销售策略的有效性

不同类型的商品需要配合不同的销售策略。如利用流量产品吸引顾客进入你的实体门店或者网络上的电商店面后，可以通过其他关联销售或推荐爆款商品促进其成交。同时，利用利润款产品确保你的整体盈利水平。定制产品则是在提升品牌形象的同时，也能增强高端用户对你和产品的依赖性与黏性。

4）分散风险

产品分层运营还能够分散市场风险，避免因单一的产品线波动而影响全局。如果某一类产品市场反应不佳，其他类型的产品仍可能保持稳定的销售表现。

5）促进决策制定

分层管理使得数据分析更加精准，每类产品带来的数据反馈可以帮助运营团队更精确地评估市场反应，从而调整策略，优化产品组合，实现可持续增长。

做好你的产品定位和分层，你后期就能够更有针对性的围绕其设计价格与推广策略了。

③产品呈现形式

产品的呈现形式根据产品的性质、用途以及目标受众的不同而有所差异，包含但不限于以下几种形式：

1）实体产品

对于实体产品，如电子产品、家居家电、服饰鞋帽等，通常会在商店、展会或线上商城进行展示，使消费者能够直观地了解产品的外观、尺寸、材质等特点。

2）数字模型与渲染

对于比较复杂的产品，如机械设备、建筑等，可以使用数字建模和渲染技术来呈现。这种呈现形式可以展示产品的内部结构、工作原理、运行效果等，帮助用户更好地理解产品的功能和特点。

3）视频与动画

视频和动画是生动且富有吸引力的产品呈现形式。通过视频，可以展示产品的使用方法、操作流程、效果演示等。而动画则可以用于解释产品的工作原理、创新特点等内容。

4）虚拟现实（VR）与增强现实（AR）技术应用

这两种技术为产品呈现提供了更加沉浸式的体验。VR可以让用户仿佛置身于产品的使用场景中，亲身体验产品的功能和效果。而AR则可以将产品的虚拟模型叠加到现实世界中，帮助用户更好地了解产品的尺寸、比例等信息。

5）在线平台与应用程序

对于软件产品、在线服务或数字内容，通常会通过官方网站、应用商店等平台进行展示和提供下载。这些平台会提供产品的介绍、功能说明、用户评价等信息，帮助用户了解产品的特点和优势。

那么你的知识内容型产品，如何更好地呈现给用户，可以采取下面几种方式：

1）图文展示

这是最基本也是最传统的展示方式。包括文章、博客、新闻报道、论坛帖子等，通过文字和图片的结合来表现和传达你想要传递的信息。

2）音频

随着喜马拉雅、荔枝等平台的广泛运用，音频内容也逐步成为越来越受很多受众欢迎的形式。包括有声书、电台节目、播客、音乐以及各类音频课程等，听音频还可以最大可能地不受场地的条件约束，戴上耳机就能开始收听。

3）视频

视频内容涵盖了广泛的形式，这些形式包括了长视频（如电影、电视剧、纪录片）短视频（如抖音、快手、B站）上的内容，用户通过观看视频可以更清楚地看到你的整体形象和肢体语言，再搭配一些背景和其他元素的设计，能够让用户更直观地了解到你本人。用户能够通过此种形式看到这个"老师"是怎样的。如果你的形象再装扮得好一点，就更能吸引和留住用户，从而使得用户对你产生好感，就能够更有利于你内容的输出。

4）直播

视频可能是录播的，但是直播就是实时的，包括游戏直播、电商直播、教育直播等。这个形式能够最大限度地为你和用户之间提供即时互动体验。这种体验感是很多用户非常喜欢的，但是也是作为内容生产者的你最"难"面对的，因为直播是需要有更多的前期准备工作，同时对临场发挥的技巧要求也很高。关于直播我们将在后续书籍里详细教给大家，也会在我们线下的课程里带着大家完整地实操和感受。

当你的知识内容产品生产出来后，你就可以根据你产品的不同属性与特点，来设计采用哪些呈现方式更利于你的用户接受，并且要更有利于用户买单。

比如你拥有可以做出美味蛋糕的技术，那就可以通过视频的方式把自己制作的全过程展现出来。用户可以看到你用料的考究，也能看到成品的"美丽动人"，但似乎还缺少点什么。通过文字和视频的方式展现出来的过程，还不足以完全让用户下定决心买单，如果搭配上其他消费者的文字评论，再加上他们拍摄的用户见证等体现消费感受的画面，就一定能进一步刺激正在观望的潜在用户。如果在你的视频内容里面再加上"欢迎到店试吃"这样的引导性文字，那么感兴趣的用户就更有机会被吸引到你的实体门店去体验。他们想体验的就是真实的"味道"。食物类型的产品到最后也一定离不开这样的体验感。如果味道不好，不管你生产出来的产品样式再好看，最后也留不住用户，整个过程还可以运用到很多技巧与方法，你可以好好再琢磨一下。

在线上做好了你的产品展示的同时，也一定不要忽略了线下这个环节。就如上述案例，有些产品和服务，你一定要引导用户最终来到线下体验和消费，在线下还可以采取诸如开设公益讲座、免费试听、组织活动等方式对你的实体产品和知识产品进行呈现。

④产品组合思路

当你在购买车辆的时候，你一定听销售人员告诉过你，车身颜色可以选，内饰颜色可以选，座椅材质可以选，轮毂样式可以选等。当不同的消费者把这些选择做完的时候，相当于为自己所购买的这个产品做了定制化的组合。

同样的道理，当你把你生产的这些知识内容做好了定位，设计好了不同层级，制定了不同的价格，也罗列出了不同的呈现方式。那么你就需要考虑告诉你的用户，他们可以怎样去组合这些元素。或者更准确地说，你的用户就会主动地去搭配与组合出他们想要买单的产品了。

我们在写这本书之前，已经研发了二十二门全媒体运营课程，还录制了多达一百八十节的课程视频，并且还在持续研发课程和录制视频。我们还开发了小程序应用，方便用户体验其他服务，并且在线下组建了社群和读书会，开设了工作坊，组织了不同主题的分享会、讲座和活动等。

你如果喜欢看书，就购买我们的书籍。你如果喜欢看视频，就购买我们录制的视频课程。你如果喜欢上网，可以选择使用我们的小程序。你如果喜欢社交，我们欢迎你来积极参与我们的线下社群和各式各样的活动……总有一个产品类型和参与方式是你喜欢和愿意接受的——这就是"产品组合"，总有一款适合你。

（4）表现形式的差异化

表现形式的差异化，即采取何种方式将你自己和自己拥有的知识内容产品表达给受众。

第一个可供你考虑的差异化设计就是你的讲授风格。在你的知识内容生产出来后，最终一定会亲自呈现给你的受众。无论是通过线上展示，还是线下面对面的沟通。也无论是用视频、音频或者图文等，首先要考虑的就是你自己的人设定位。这个内容在前面章节已经有所讲解，这里我们不再赘述。

要想实现表达的差异化，有几类主要的风格类型为大家拆解如下，可供参考：

1）专业型

特点：体现严谨、权威。如专家、教授、老师等专业人士。

适用场景：当你所提供的相关内容涉及专业性强、理论知识相对比较高深，或需要展现更有难度的专业知识时。

注意事项：避免过于晦涩难懂，需要保持与用户的及时沟通和互动。

2）风趣型

特点：幽默生动、富有感染力。如脱口秀演员、喜剧演员等。

适用场景：当内容较为轻松、实用，或需要激发用户更多兴趣时。

注意事项：幽默要适度，避免用户有所忌讳的内容或气氛被破坏。

3）互动型

特点：注重用户参与、共同讨论、案例分享等形式。如主持人。

适用场景：当内容需要用户积极参与、实践或分享经验时。

注意事项：互动环节设计一定要合理，能够引导用户深入思考，并且主动参与互动。

4）实践型

特点：注重实践操作、案例分析、模拟演练。如健身教练、户外运动领队、画家。

适用场景：当内容涉及技能操作、实际应用或需要用户亲身体验时。

注意事项：确保实践环节安全可控，需要提供必要的指导和支持。

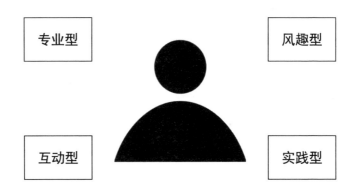

图 2-10　不同讲授风格

影响上述风格选择的主要因素除了自身因素以外（如前文所述：知识内容创作者需要率先为自己做好人设定位），还包括一些外部因素：

1）受众特性

需要考虑用户的背景、年龄、学习偏好和现有知识水平等信息，以确保你所展现的风格能够尽量与之匹配。

2）目标

对于将知识传递、帮助用户技能提升、态度改变或者是帮助企业进行品牌塑造、团队建设、文化传播等作为目标的创作动机一定要非常明确。只有目标风格明确，才能符合用户的需求。

3）内容本身

依据你生产的知识产品的特性，选择最适合其表现内容的风格。如果你的知识产品是教会大家如何烘焙某个网红糕点，你就不要选择太严肃的专业风格来讲授了。否则，作为用户的我，也不太能继续观赏下去。

4）培训环境

是采用线上还是线下的方式，又或是室内还是户外的环境，以及当下有哪些可用的道具或者技术资源，都会影响你对表现风格的选择。务必思考，用户在室内听你传授知识时是采用"排排坐吃果果"的座位安排，还是在户外众星捧月般地站着将你围在中央。即使讲授的内容相同，呈现效果都截然不同。

5）个人优势

当然，你一定要学会发挥自己的优势，如幽默感、专业知识、实践经验等，最终形成独特的个人风格。

6）反馈与评估

通过用户持续的反馈和培训效果评估，不断调整和完善授课风格，使之更加高效和受用户欢迎。常言道"听人劝，吃饱饭"，要让用户为你的知识产品买单，那你就必须认真听取用户的意见和建议。

第二个差异化的设计方向是你的外在。不管是你的着装、声音、动作，还是你的发型、眼神、表情等，都是可以"设计"的。在这些众多的细节中，我们先重点介绍"动作"。

不知道你是否观察到，如今众多的网络账号的运营者会为自己设计一些特别有记忆力的动作表现。比如给自己淋水、踹门、大吼、傻笑，甚至扇自己耳光等。这些动作是否合理，是否值得借鉴，暂且不论。其结果就是，用户会怀着极大的好奇心继续观看他们所提供的内容。而线下的真相是，这些网络上所呈现的动作，其实他们在线下是根本不会做的，做这些就是为了快速的"博人眼球"。留住你的视线，你才会给他们机会，去了解他们下一步想干什么。

知识类型产品的很多运营者常用的动作和手势、站姿、坐姿等有关。因为他们想展现给用户的，更多的是自己在某个领域或行业的专业度。当然，作为知识内容创作者，你也可以参考其他的动作方式。比如，在讲授知识产品时，你可以设计一些手势配合你的内容，讲到内容精彩部分时，你每次都竖起大拇指点赞。又比如，你生产的视频类型的内容产品，封面的样式都是你握紧拳头在加油鼓劲的动作，做到与同赛道对标对象的"不同"即可。如今，很多平台知识内容创作者的封面要么直挺挺地坐着或站着，要么就是一张"大头贴"，用户看多了就一定会失去兴趣。

另外，"动作"这个因素，是真的可以在"后期"专门设计的。虽然你的外貌，身高不太容易直接改变（我们不考虑整容这种手段），但是你的站姿、坐姿、步伐、手势都可以通过专门的设计和刻意练习来形成一套自己的独特风格。再配合衣着风格、发型等同样可以调整的元素，最终就能在用户面前形成一个立体的整体形象。只要受众喜欢你，愿意为你买单，你就成功了。

第三个在表现形式上可以设计的差异化是，如何使用好各种道具。包括你可以利用的一切实物道具，如桌子、椅子、笔、黑板、书本等。还有"虚拟"道具，如音乐、APP 应用、小程序、人工智能工具等。

现在做直播的朋友都知道，背景可以只需要一块绿幕就行，因为当你在直播的时候，你可以利用各种软件工具将其更换成你想要的不同风格。这个技术早就在电影、电视剧里面被充分使用了，但是真正被直播这个行业利用起来，也就是最近几年才开始。

并不是这个技术不成熟，而是因为做直播的人最早开始就没有想到过用这个方法。如果你做直播起步很早，并且率先使用过这个方法，那你的直播间肯定早就吸引和留住了大量的用户。因为你和其他直播间有"差异化"，而且这种差异化是当时的用户没有见过和感受过的。凭借着独特的新奇感受，他们会愿意为此驻足。

现代人工智能技术，虚拟现实和增强现实的技术也越来越成熟，在很多行业也都开始尝试使用。你所生产的知识内容，如果能结合这些前沿技术，让你的受众能够享受到与众不同的体验感，那么在激烈的竞争中，你一定能争取到更多用户的关注与支持。

（5）使用场景的差异化

如果你想尝试生产与英语教学有关的知识产品，为你的受众做英语方面的培训，在做知识产品定位的时候，就要充分考虑用户在英语知识方面的具体需求了。比如，从升学角度、考研角度、出国留学角度、日常沟通角度等，这就是我们前文所讲的"产品细分"。也就是为什么要根据使用场景的不同，而设计出产品差异化的原因。只有角度不同，才能对应不同的产品使用场景。

如果你发现你想讲的方向赛道已经很拥挤了，那么你还有两个选择：要么横向发展另选赛道，要么在本赛道纵向挖掘，做好细分。更细分的内容可以配合更细分的使用场景，也许某个场景就是很多人之前没有注意到，或者没有发现机会的地方。

再给大家举个例，曾经很多品牌咖啡店在开新店的时候，会基于两点选址：一，地理位置非常好的地方，因为地理位置越好，人流量就会越大。二，选择面积较大的店面，因为店面越大，可容纳的客人就越多。上述考量看似没有问题，但是当瑞幸咖啡起步的时候，它却给用户创造了不同的使用场景——买完咖啡，用户就可以走了，我不提供座位。这意味着它的新店开设首先不用考虑位置和面积等复杂的因素，它的店之所以大多开在写字楼的一楼大厅，是因为用户买完就可以离开了。它要的是用户购买咖啡的数量，而不是为了让客户舒舒服服地坐在店里面享受。客户买了咖啡可以去公司喝、回家喝，边走边喝、也可以边开车边喝，可以选择喝咖啡的地方有很多，为什么一定要提供地方呢？

这就是产品使用场景的差异化，正因为这种差异化，瑞幸咖啡才能把价格压得那么低，这也是影响价格的重要因素，从而塑造了它与众不同的品牌力。

不要小看这些差异化带来的影响，如果你能将你的产品差异化做到极致，那么它带给你的影响就会是一连串的。

"一只南美洲的蝴蝶扇动翅膀，结果可能引发美国德克萨斯州的一场龙卷风。"哪怕你做出的差异化设计是极其细微的，也能为你带来最终收益上的巨大区别。

手脑并用

根据自己的实际情况，设计你的六大标签：性格标签、职业和角色标签、兴趣标签、外貌标签、年龄标签、家庭标签。

根据下面几点，将你准备推向市场的产品和服务的差异化设计出来：

差异化	我的产品有哪些差异化
看待问题角度的差异化	
体验感设计的差异化	
产品组合的差异化	
表现形式的差异化	
使用场景的差异化	

本章总结

如果你有下面几种情况，你就是对自己的"不自知"：

不知道自己拥有某些知识，但其实这些知识很有价值；

不认为自己所掌握的知识或者某个技能是能够产生收益的；

觉得把自己掌握的某种知识或能力用来挣钱很麻烦或者很难实现。

如何能够解决"不自知"这个问题，让自己更清楚地了解自己，一定要先做好下面三个定位：

知识产品定位（我可以卖什么知识？）

用户定位（我的知识产品可以卖给谁？）

人设定位（我是谁？用户为什么在我这里买？）

通过找寻对标账号和博主，做好你的产品的微创新。"微创新"就是一种以用户体验为核心，着重于在现有产品或服务的基础上进行小幅度但具有影响力的创新策略。

深度分析和思考下面三点：

对标对象哪里做得好？

对标对象哪里做得不好？

对我生产知识内容能有何帮助？

第三章

如何解决知识提炼能力的"无所能"

——知识原材料的来源和详细拆解

什么叫"无所能"

　　"无所能"这一概念，是对个体在构建、组织和运用个人知识体系上的局限性的描述。简而言之，特指人们在面对获取的知识时，缺乏有效的方法或能力把这些信息进行整理和归类，并将其系统化、结构化为自己的知识体系。而个人知识体系一旦建立，将大大突破并提高自身对知识的理解深度、记忆效率和实际应用。

　　想象一下，在一个杂乱无章的书房里，书籍和笔记散落了一地，它们既没有分类，也没有标签。能明确的是，这散落其间的东西一定存在有用的信息，也存在没有用的信息。当我们需要找到某一本书或某个信息时，就如同大海捞针，耗时费力。这便是"无所能"状态的直观体现——知识如同散落的书籍，虽然拥有，却无法被高效利用。

　　进一步讲，"无所能"不仅仅是表面的杂乱无章，更深层次的问题在于缺少一种"内在框架"。每个人的大脑都像是一座图书馆，有效的知识管理意味着建立清晰的目录和索引系统。就像在寻找自己的阅读目标时，至少得明确"我需要体育运动类的书籍"，有了这个思路，就会发现，体育运动涉及球类运动、对抗性运动、有氧运动等多个维度；当我觉得"哦，我想读一读世界名著"，那么脑海里就得有到底是读亚洲还是欧洲的文学作品，是现代、近代还是古代的作品等一系列框架性的常识。一旦缺乏这种系统，知识之间难以产生链接，形成不了深刻的理解和记忆，最终就会导致自己的学习、表述效率低下，创新思维受限，从而陷入低效循环中。

"无所能"本质上描述了个人在知识管理与运用上的一种局限状态。只有具备了知识提炼，并且能将其构建为个人知识体系的能力，才能打破这种状态，从而对个人学习、工作、成长乃至知识的传播发挥重要作用。

为什么要解决"无所能"

一、"无所能"导致你没有知识产品可以出售

在知识经济蓬勃发展的今天，个体知识体系构建能力的重要性越发凸显。就像在烹饪艺术中，上乘的食材往往是美味佳肴的基础，但若缺乏精湛的烹饪技艺，这些食材也很难转化为令人回味无穷的菜肴。同理，在知识领域，个人所积累的信息、技能和见解就如同新鲜的肉、各类蔬菜与种类繁多的调味品，而如何将这些"原料"通过系统的整理、提炼与创新，烹饪为有价值的"知识产品"，则是决定其能否在社会这个知识传播的大舞台上发光发热的关键所在。

而且，知识能否系统化决定了这类知识产品的最终结局。结局是被广而传之，还是日渐式微都由其决定。以中国传统文化中的某些手工艺为例，如古老的景泰蓝、宣纸等制作工艺，他们都蕴含着深厚的文化底蕴与独特的美学价值。然而，由于历史上缺乏系统化的教学传承机制，许多精细的操作技巧与经验心得往往

依赖于师徒间口耳相传。加之个体理解与实践中的差异，导致技艺在传承过程中逐渐失真乃至部分失传。比如，宣纸制作技艺中对于水质、温度与时间的微妙把握，若无严谨的记录与科学的教学方法，极易因个人掌握程度不同而出现品质参差不齐的情况。

反观西方国家，尤其是在现代工业与科技领域，他们擅长将复杂的过程拆解为一系列可操作、可量化的步骤，并通过标准化、体系化的教育与培训，确保技术的精准传递与批量复制。例如，德国的双元制职业教育体系，不仅注重理论学习，更强调实践操作与企业实习。这就使得诸如精密机械制造、汽车工程等领域的技术能够高效传承，保持全球领先地位。这种体系化的方法确保了即使不是一个工匠，不管是昨天、今天还是明天，都能连续、一贯地产出高品质的产品，实现了技术与知识的规模化"生产"。

二、解决了"无所能"意味着你具备了赚钱的基础

很多人会说："我口才好，每次上台发言，总是信手拈来，而且大家反响还非常热烈！"如果你具备这种能力，那么在恭喜你的同时，我们也想提醒你，如果你一旦能把你的这套方法论系统化地整理出来，这是能挣钱的。我身边就有很多演讲爱好者，通过将自己的演讲技术整理为完整的方法论（可以与一位演讲大咖沟通，将其写入书中），再将其投入市场，进入到了个人演讲、商业演讲培训的领域，从而都拥有了自己的事业。试问，这天赐

的财富，你接还是不接？

因此，解决"无所能"问题，意味着个体不仅要拥有丰富的知识素材，更要学会高效组织、提炼这些知识，形成自己的知识体系。这不仅能够提升个人解决问题的能力，更关键的是，它能打开知识产品化的通道。当人能够像厨师一样，根据市场需求，将自己的知识与见解精心烹调成"知识大餐"时，无论是在线课程、专业咨询还是创新解决方案，都能成为市场上独一无二的商品，从而完成知识的价值转化，实现个人的知识变现。

如何解决"无所能"

一、重要的事情说三遍：定位、定位、还是定位！

在上一章中，我们已经对定位的重要性做了详细阐述，在本章中，我们依然想再次提醒大家个人定位，尤其是个人知识定位的重要性。现如今，知识不再仅仅只是智慧的象征，它已经成为了可以被转化和交易的宝贵资源。知识变现，即通过分享、传授或应用个人所掌握的知识来创造经济价值的过程，正吸引着越来越多追求职业自由与价值实现的人群。有句话说得好"只要方向对了，路就不怕远"。在投身于这一潮流之前，明确个人知识定位是至关重要的一步。

二、个人知识定位是精准发力的关键

个人知识定位是实现知识高效变现的秘诀。其核心就是识别出自己最擅长、最有价值且市场需求旺盛的知识领域。这要求个体不仅要对自己掌握的知识体系有全面的认识，还要对外部市场的需求有敏锐的洞察力。通过精准定位，个人可以集中精力深化特定领域的专业知识，成为该领域的专家或意见领袖，从而在众多竞争者中脱颖而出，成功吸引到高质量的受众或客户群体。比如，我从小就具备画画的天赋，还多次参加省、市级大赛获奖。长大后因为学业和工作的原因，我在绘画方面已经荒废多年，现在能不能再抓起来？人到中年，我对夫妻感情维系、家庭关系、孩子教育的知识方向很感兴趣，能不能去学习？学习投入（无论是金钱还是时间）与产出能否成正比？我的绘画技能与我感兴趣的领域能否结合？结合后是否有市场？都是需要我思考的问题。

很多"创业导师"会说："不要管那么多，干了再说！机会都是在混乱中制造出来的。"并且把创业的过程比喻为一场战争。的确，"在战争中学习战争"也是一种很好的方法。但这并不意味着你必须在一个错误的时间、错误的地点发动一场错误的战争。翻译为现实中的景象就是，在一个完全不合适的时机，在一个自己完全不擅长或不了解的领域，发起了一次错误的创业。其后果是可想而知的。"有意义的思考，本身就是实践。"你应该先思考，考虑清楚你自己都有哪些"武器"，这些"武器"能够适应怎样的"战区"，会遇到哪些困难和"敌人"。这个思考和分析的过程就是在明确个人知识定位，它可以帮助你在繁杂的信息与机会面前保持清晰的头脑，避免盲目跟风，确保所做的每一步都与长远目标相契合。

三、对标

"对标"是近年来的一种时髦说法，是一个动词，其意思就是跟某一标准、水平或对象进行比较、参考或匹配的过程。我们也时髦一点，在本书中采用这个词。

1. 对标的原因

正如伟大的物理学家牛顿所言："我看得更远，是因为我站在巨人的肩膀上。"这句话精辟地概括了对标的核心价值所在：借助前人的智慧与成果，实现自我超越与创新。

为什么对标如此重要呢？首先，对标是一种高效的学习方法。在信息量庞杂且更新迅速的今天，任何人都很难独自探寻所有的知识与技能。然而通过对标行业高手和先行者，或许可能快速识别到已被验证有效的策略、流程和技术，从而避免重复劳动，减少试错成本。

其次，对标是实现持续改进与创新的有效手段。它不仅让我们可以认识到自己的不足，还能激发新的灵感。优秀的对标不是单纯模仿，而是充分理解并吸收先进经验，再结合自身实际情况进行优化，创造出具备自身鲜明特点的新产品的过程。

"他这样的做法是否适合于我？"

"他这样做真的好吗？如果是我的话，我还可以做哪些方面的改进？"

"我有哪些他不具备的优势，可以在同一领域中展现出来？"

上述问题都是我们在对标过程中可以不断思考的。

2. 对标范围

对标范围其实可以非常广泛，这里给出几个维度供大家参考：

对标垂直方向：选择垂直方向内领军人物作为对标对象，可以帮助你快速识别自身短板，吸取成功经验。如定位你所在的知识领域是在财经类、文化教育类还是科技类。

提升个人技能：在个人发展层面，除了向行业内的前辈对标，还可以向不同知识领域的顶尖人才学习。比如公众演讲技巧可以向优秀讲师学习，如何提升自身领导力可以参考成功企业家的经历。

研究前人案例：深入分析历史上类似情境下的成功或失败案例，为当前决策提供宝贵依据。

利用新技术：在云计算、大数据、人工智能等技术风起云涌的时代，考虑是否可以搭乘时代的快车，提升自身产出效率。例如，你是否可以使用 AI 来帮你写文案或脚本？

借鉴国际先进技术与理念：在全球化的背景下，跨出国界寻找对标对象不仅可以吸收先进技术与理念，还能促进本土化创新。就像国外电动汽车和机器人代码开源以后，我们相关企业通过一朝借鉴，整个行业的类似产品就如雨后春笋般显现出来。

3. 对标原则

在进行对标时，确立合适的标准至关重要，这直接关系到对标是否能真正发挥其应有的作用。请严格遵循下列原则：

（1）与自己未来定位方向相匹配

假设你现在已经确定将通过讲解历史知识，最终达到出版人生第一本书来实现变现的这一目标，并且在网络平台上开通了个人账号。但是，当你在寻找对标账号过程中，却一直参考、学习财经类、科技类的账号，这样的做法对你的帮助一定不会太大。因为跨行业确实能带给我们一些灵感，但不一定适合自身的行业要求，更不能满足你的目标人群需求。对标对象必须与个人的长期发展目标和愿景高度契合，才能确保学习、借鉴的经验能够直接服务于自身的长远发展，而不是偏离主航道。

（2）适合当前阶段的运用

我们还是以网络平台账号为例。当我们在完成自身定位，进入到对标环节，参考了众多对标对象后，很容易说出这样的话：

"A君拥有几百万粉丝，他的内容质量太高了，这就是我想学习的对象！"

于是，开始以A君的标准要求自己，开始大干特干了。

但是，这样真的对吗？

你所选的对标对象应该与你当前的发展阶段、所拥有的条件和执行能力相匹配。如果我现在是零粉丝，我是否真的适合去参照拥有百万或千万粉丝博主的内容呢？显然并不现实，因为他们的背后都拥有强大且专业的团队，有人专门写文案、脚本、拍摄、剪辑、发布和运营。而你只有一个人。若盲目模仿其复杂的制作过程和运营管理体系，极有可能让你因为资源有限和流程过度复杂而陷入困境。相反，找到那些粉丝量不是那么多，但是发展阶段和你类似，并且成功跨越难关、拥有可复制经验的对标账号，对你的参考意义才更为实际有效。

所以，在对标的路上，不要一味追求名气最大、成就最高的名人。过高的对标标准极有可能会给你带来挫败感，而标准过低则可能限制你自己的想象空间和成长空间。因此，理想的情况是找到那些"跳一跳够得着"的对象进行对标。这样既有一定的挑战性，又能确保目标的可行性，从而避免好高骛远。

四、知识再整合

正如前文中提到的，我们的知识技能和独特见解就好比精选的新鲜食材与调味品。个人定位就像一位大厨决定将这些原料烹调成哪种菜肴。是火锅还是中餐？是西餐还是小吃？是经典重现还是创新融合？而对标，则是对其他特级厨师的细致观察与学习过程。我们细心揣摩他们是怎样巧妙搭配、掌握火候的，是用了某种神秘香料？还是在工序上别有洞天？

随着这一过程的发展，我们会进入一个更为深入的探索阶段：这道菜采用猪肉特别鲜美，用牛肉口感是否可以提升？有没有之前我没有注意到的配料或调料，让这道菜肴别具风味？还有其他方式吗？都知道金针菇可以煮，可以炒，它能够用油炸来烹饪吗？这些辅助元素又该上哪儿去找，并且让它恰如其分地融入我们的知识产品当中？这一系列的追问，促使我们不能满足于现状，而是应该持续探索、不断创新，寻找那些能够使我们的知识产品独一无二、更具吸引力的"秘方"。我们把这一过程称之为"知识再整合"。

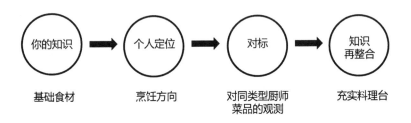

图 3-1　从个人知识到知识再整合示意图

1. 知识再整合的来源及运用

那些准备用来充实你知识料理台的知识材料可以从哪些渠道获得？获得以后又怎么用呢？这里给出一个共性——全面地拆解以及三个来源，即网络、书本、交流。

（1）一个共性——全面的拆解

要想最大化地发挥对标对象的价值，最行之有效的策略莫过于一个字——"拆"。"拆"要求我们对其进行深度剖析，追求极致地细化拆解。这意味着不仅要宏观把握其知识内容的布局与导向，更要微观深入到每一个细节之中，做到无一遗漏。精细的拆解过程，就像解构一件艺术品，让我们能够透视其内在的构造与精髓，为自己所用。从而在学习与借鉴中实现超越，打造出同样甚至更加精彩的知识内容。

中国古代有一个很精彩的故事，叫做《庖丁解牛》。在寻常人的眼中，牛就是一头牛，即使现在把牛牵到我们手里，再递上一把刀，我们也会感觉到根本无从下手；而这头牛落到了庖丁的手里，在他眼中看到的就不是一头牛了，而是鼻子、眼睛、后腿等身体各器官的结合体。同样的，我们面对对标对象的知识内容或作品时，也应该用庖丁的思维对其进行拆解。那么可以从哪些维度去对其进行解构呢？

①对标题的拆解

我们每天都在刷手机，会看到很多的文章或视频，也能听到很多的音频内容。有时我们会产生一个疑问，为什么有的作品内容很好，但它的阅读量或播放量却不高。而有些内容你点击进去以后发现并不如你所想，但它的播放量或观看量却又很高。造成这一差距的一个主要原因就在于标题。在实际运用当中，一个好标题能使你的知识作品阅读量或播放量增加数倍。

所以，如何让你所发的知识内容，能够更有效地被别人看见？你，需要一个好标题。

在拆解标题的过程中，我们可以从以下维度去拆解一个标题：

标题字数。

几段式标题。是一段、二段还是三段？

标题中的数字使用的是阿拉伯数字还是中文数字？

是采用的陈述句还是疑问句？

主语、谓语、宾语、状语等用到哪些词语，用户更容易点击进去？

当你认真细致地去拆解了这些以后，所谓的爆款标题在你面前就不再有秘密可言了，你就会发现原来起一个好的标题也是很容易的。

标题的种类有很多，例如前后反差型、大小数字型等。这里以热点揭秘型标题为例，给大家做一个介绍。

这类标题中间都有"为什么"或"凭啥""为啥"。而且都还加上了表示速度的副词，比如：突然、快速、一夜之间等。同时，还使用了吸睛词，例如：爆火、逆袭、赚到钱等。

因此，我们可以提炼出一个标题公式：

热点人物／事件为什么能＋速度词＋吸睛词

而这个公式，是可以用表格来替换和套用的。

表 3-1　热点揭秘型标题套用表

热点人／事	速度词	吸睛词
1. 热点 A	1. 突　然	1. 爆　火
2. 热点 B	2. 快　速	2. 逆　袭
3. 热点 C	3. 一夜之间	3. 脱颖而出

如上表，当我们采用"111"组合时，就可以得到一个标题：《热点 A 为什么能突然爆火？》。

当我们采用"323"组合时，可以得到标题：《热点 C 为什么能快速脱颖而出？》。

光是这个九宫格里的"速度词"和"吸睛词"就能产生九个标题了，如果你能继续拓展这两列，配合上新鲜的热点，就能快速地写出多个具有爆款潜质的热点揭秘型标题了。

手脑并用

利用热点揭秘型标题套用表，结合三个热点人或事，自己填写速度词和吸睛词，写出五至十个吸引人的标题。

热点人／事	速度词	吸睛词
1	1	1
2	2	2
3	3	3

②对音频的拆解

拆解一个爆款音频内容的主要目标是分析其成功因素，并理解其吸引听众的秘诀。以下是关于一些音频内容独有的关键维度，可以帮助你深入分析一个音频内容为何能够成为爆款：

1）声音元素

主播的声音特质，如音色、情感表达能力。

音效、背景音乐的使用，及其对氛围营造和情绪引导的作用。

当然，知识内容创作者选择是自己亲自朗读还是转 AI 朗读，抑或是男声还是女声，都会对内容的最终播放量起到影响。

2）制作质量

音频清晰度、剪辑技巧、混音效果等技术层面的质量。

编辑过程中去除杂音，保证音质纯净。

3）可视化元素

鉴于当代终端设备不像以前那样只包括收音机、录音机了，手机、电脑、电视都能完成音频内容的收听。因此很多的音频内容也会增加一些可视化元素，例如文字或图片。

③对文章的拆解

如果想让自己的作品在众多文章中脱颖而出，在确认了对标对象的文章以后，可以从下列几个方面进行深入分析：

1）话题方向

分析文章是否捕捉到了当前各领域的热点话题。

挖掘文章话题与目标受众的兴趣、需求关联度，以及是否触及读者的痛点或好奇心等。

2）结构布局

研究文章的结构组织，包括引言如何吸引读者注意，正文怎样展开论述，条理是否清晰，结论是否有力，并且怎样才能给读者留下深刻印象。

分析各段落之间的衔接是否自然流畅，信息层次是否清晰，有没有使用小标题或特殊层级的符号让读者读起来感觉顺畅，没有那么疲劳。

3）行文方式

观察作者的语言是否生动有趣、简洁明了或富有哲理，是否运用了比喻、排比、反问等修辞手法增强表达效果。

评估文章是否成功传达了批判或同情等之类的情感，以及这种情感能否唤起读者的共鸣。

4）题材选择

所选题材是否具有新意，能否提供不同于常规的新视角。

研究文章是否提供了有用的信息，能不能满足读者的求知欲或解决其实际问题。

5）选图与视觉效果

仔细观察其文章配图是否高清，与文章内容是否紧密相关，能否有效辅助说明或增强文章氛围，能否在海量信息中迅速抓住读者的眼球。

6）字数控制

一篇受众面广的文章，不一定都是长篇大论，而是既能充分展开论述又不至于冗长拖沓。当然，对于不同平台和受众，适用的字数范围也会有所不同。

④对视频的拆解

通过视频来传递自己的知识内容，从长度上来分类有三类视频，分别是短视频、中视频以及长视频。在这里我们主要探讨的是对于短视频的拆解。

1）时长

在确认了自己的对标账号以后，要认真观察其作品时长是二十秒、三十秒，还是一分钟，抑或更长。对于知识内容创作者而言，根据网络平台的规则、流量推荐机制等，我们的建议是早期作品时长可以略短，以应对跳出率、完播率等要求。待播放量提升后，再逐步延长视频时长。

2）封面

短视频封面是吸引用户点击的第一道门槛，它的设计直接关系到视频的点击率和传播效果。我们要拆解一个短视频封面时，可以从以下几个关键维度进行考量：

a. 视觉冲击力

搭配是否鲜明、对比度高，能否在短时间内吸引用户的注意力。图片画质是否足够清晰。

有没有使用动态效果、特效滤镜等元素来增加视觉吸引力。

b. 主题明确

封面是否直观地展现了视频的核心内容或主题，使用户一眼就能理解视频大概要说什么。

c. 人物与表情

封面人物的表情、动作是否富有感染力，能否激发观众的情绪反应，能否感受到亲和力或产生认同感。

d. 文字信息

封面文字的大小、颜色、位置是否方便读取。

e. 品牌一致性

是否有统一的视觉元素或标志性的设计手法，比如色彩方案、logo 使用等。

f. 差异化

在同类内容封面中是否具有独特性，是否能避免同质化。

3）内容方向

短视频内容方向的拆解是制定内容策略的关键步骤，涉及到众多关键环节的细致规划。以下是具体拆解办法：

第一是目标人群定位。明确了解自己的视频是拍给谁看的，包括他们的年龄、性别、兴趣爱好、职业、生活方式等。分析他们的在线行为习惯，包括经常活跃的平台、几点收看、收看时长、喜欢的内容类型等。

第二是内容主题选择。确定细分领域，找到独特的切入点，以增加内容的独特性和吸引力。举例而言，你和众多的知识内容创作者都选择讲解创业的相关知识，有的人讲创业避坑指南，有的人讲创业底层逻辑。如果你再去讲这两个方向，这个赛道就会变得非常拥挤了，你就可以转为创业经历的讲述。

第三是内容形式与风格。观察对标账号视频的风格，是幽默风趣型、知识分享型还是情感共鸣型，根据自身情况，综合确定自己的风格。

第四是标志性动作或独特的自我介绍。标志性动作或独特的自我介绍，甚至独特的背景音乐，都是塑造个人品牌的快速路径。例如：拍手、对自己头上浇水、把某个装备往地上一扔、骑自行车、穿一件有特色并且固定颜色的衣服，这样不仅能让粉丝快速识别，还能避免作品的高跳出率。很多成功的知识内容创作者都有自己的标志性动作或独特的自我介绍，你也可以给自己设计几个，让你的形象更加立体，以便于大家快速记住你。

第五是平台与传播策略。因为各平台的特性与受众差异，你可以根据自己的目标人群选择合适的视频平台发布。

第六是数据分析与优化。定期分析对标账号视频的数据表现，包括播放量、完播率、点赞率、评论量、分享量等，从中提炼出对自己作品是否需要调整内容方向的依据。

⑤对文案的拆解

从以下几个方向分析短视频文案，可以帮助你系统地理解文案背后的创作思路和成功要素：

1）文案主题与目标

确定文案想要传达的核心信息或主题是什么。

分析文案背后的目的是什么，是教育，还是娱乐？是带货，还是情感共鸣等。

2）文案结构

分析开头是否通过提问、博眼球或直接点明好处和坏处等方式激发兴趣。

文案正文部分是如何展开其信息的，逻辑是否清晰，重点是否突出，有没有故事性或实用价值。是否具备互动动作，如要求点赞、收藏、转发等。

结尾文案是否包含了促进互动的元素，如提问、邀请评论、送礼物、加好友等。

3）语言风格

分析文案语言风格是属于专家型、幽默型、邻家女孩/男孩型、煽情型或其他类型。

4）视觉与文案匹配度

观察文案与视频画面是否契合，有没有存在"货不对版"的情况。文案字幕的颜色、字体是否清晰易读。

⑥对拍摄方式的拆解

短视频要想拍摄得既引人注意，同时又要体现专业度，这几个方面尤其重要：

1）景别运用

是否充分运用了"远、全、中、近、特"这几类景别来帮助观众了解场景上下文，理解人物与环境的关系，强调、突出细节，增强情绪的表达。

2）运镜技巧

是否巧妙地使用了"推、拉、摇、移、跟、升降"等镜头来引导观众注意力，展示环境全貌，展现更多场景和动作，增加动态感和层次感。

3）构图法

有没有使用三分法、前景运用、引导线等方式以实现视觉平衡的提升，增强深度感和层次，以及指向主要焦点的作用。

4）声音设计

是保留了现场环境的声音，还是采用旁白解说来引导故事发展，有没有采用一些背景音乐来增强感染力。

5）剪辑与后期

剪辑和镜头切换是否流畅，特效与转场是否合理，有没有过度使用。

⑦对形象套装的拆解

当你精心制作的知识内容短视频被大数据分配到目标受众眼里时，如果内容不错，对方播完以后还想继续了解你这位作者，处于好奇心自然会点击你的头像，对你进行深入了解。那在此时就是一次对自己形象曝光的绝好时机。你需要一个高价值形象套装，多从以下这四个方面去打量打量你的对标账号，看看他们是怎么做的。

1）高价值名称

作为个人品牌的首要标识，无论是账号，还是昵称，都应该确认是否可以直接体现其核心价值。也许你不太认同对标账号的起名方式，但又没有好的思路，不妨试试下列两种简单的模式，这两种模式能够向用户明确"关注我，能解决你的某个问题"这一观点：

　　名字加产品　举例："张小明　高端私人出行定制"
　　名字加行业　举例："李小红　家庭风险管理专家"

如果在知识变现初期更在乎同城流量的关注则可以为：

　　地域加产品　举例："王小梅　成都轻创业咨询服务"
　　地域加行业　举例："罗小可　重庆大码女装"

无论采用哪种模式，一个富有创意、容易让人记住，并且与知识内容定位一致的名称，都能够迅速吸引目标观众的注意，并从众多账号中脱颖而出。

2）迷人的头像

头像是观众快速识别知识创作者的视觉符号。它不仅是个人的形象，更是个人品牌形象的重要组成。一个设计独特，与内容品味相符的头像，能够在瞬间传达创作者的风格和态度，激发观众的好奇心，促使其进入主页进一步了解你。试着从这几个方面去分析和拆解：

a. 体现账号定位

明确你的短视频账号的内容主题和目标人群。如果你专注于教育，应该多去观察关于教育的对标账号，去关注他们的头像到底长啥样。如果你倾向于时尚知识的传播，也应该去对标账号的头像里寻找灵感，看看他们的头像能否明确反映出账号定位。

b. 头像类型

关于头像类型，种类是多样的。包括人物近景照、小动物形象、风景图，以及近年来大火的 AI 漫画形象。作为知识内容的创作者，我们强烈建议能够真人出镜。因为变现的一条重要路径就是课程，而线下当面授课才能给予受众最佳的体验和温度。在线下正式见面之前，需要将你个人真实、专业的形象固定下来，让用户无论是在线上还是线下都对你产生同样的认知。

c. 展示品牌 LOGO

建立个人品牌的一个重要方法就是展示独有的 logo 作为头像，不仅简洁明了，还能有效提升专业度和辨识度。

此外，无论从哪一方面去定制自己的头像，都应该保持头像图片的清晰、易读，否则很有可能因为一张模糊不清的头像而错过一次与用户建立连接的机会。

3）背景图

背景图的选择是多种多样的，我们在网络上可以看到很多的内容创作者都有自己独具特色的背景图。但作为知识内容创作者，有三种类型可以选择，分别是人山人海型、行业领域型以及专业标签型。

a. 人山人海型

人山人海型适用于大多数的知识内容创作者，因为此类人群大多数都有自己独特的活动输出模式，除了在线上授课以外，线下组织的各类活动也会比较多。所谓"人山人海"是指，内容创作者可以把自己跟人员参与活动时拍摄的照片作为自己的背景图。背景参与人数越多越好，最好是上百位。如果只有十几位，或几十位参与者，则对拍摄者的构图提出了较高的要求。其拍摄宗旨就是，内容创作者必须位于背景图的核心或显眼位置，让人一眼就能辨认出谁是组织者或主角。人山人海型背景可以展现内容创作者极强的个人能力。

b. 行业领域型

行业领域型要求内容创作者将自己的行业领域充分地展示在背景图里面。例如，你是一家物流公司的老板，背景图可以是货卖堆山的仓库，也可以是川流不息或整装待发的车队。如果你拥有一家书店，你也可以将书架上琳琅满目的书籍和众多进店读者静心阅读的照片展现出来。如果你从事教培行业，可以把学员上课或组织研学、节假日活动的照片作为背景。行业领域型能够有效体现工作、生产、服务的流程，同时也是展示实力的重要环节。

c.专业标签型

专业标签型特别适合拥有独特知识体系、主讲课程或版权课程，甚至出版过自己书籍的专业人士。例如培训师、律师或医生等。在此类人群的背景图上，除了个人形象照，还可以用文字明确注明：入行多少年，拥有哪些资质，出版过什么书籍，授课学员人数，服务客户人数，服务过哪些企业、组织或个人。以一个培训师举例，可以这样写：

姓名：XXX

XX 年培训经验，授课学员 XXXX+

XX 问题专家

服务 XX 家世界 500 强企业

获得 XX 权威机构认证

《XX》畅销书作者

需要特别注意的是，并非所有头衔和标签都需要写在背景图上，否则会让用户眼花缭乱，使他们不能一眼就识别出你擅长的领域。我曾经辅导过一名心理咨询老师，他的头衔众多，粗略算至少有二十个以上，他在背景图里面把自己的所有头衔全部罗列了出来，就会让人抓不住重点。所以当你已经确定好要输出的知识内容以后，背景图内容一定要在自己众多的专家标签中进行取舍，选出的标签一定要跟你的输出内容相匹配。

4）个人简介

在个人简介方面，很多内容创作者都有这样的疑问，我到底应该写些什么东西？是概述账号的主要内容，还是展示我的个人魅力？抑或是建立情感链接，让观众感受到一种归属感？这些都没有错，但在我们看来，个人简介最重要的是明确无误地向受众传递你能提供的价值。我们来看看这两位保险行业的知识内容创作者的简介。

A 的个人简介

XX 名校硕士
蝉联 X 年某公司某地区销售冠军
蝉联 X 年百万圆桌会议顶尖会员
某公司全国 202X 年度卓越经理团队第一名
创建 XX 团队，连续多年蝉联某地区业绩第一名

B 的个人简介

深耕保险 XX 年
专注于家庭财务风险
为您守护财富的朋友
助您开启人生新篇章
对财富管理有任何疑问，找我就对了

从个人简介来看，猜一猜 A 和 B 这两个内容创作者在网络平

台上的粉丝数到底谁更多呢？答案是 B。A 的粉丝数只有一百多人，而 B 的粉丝数超过了二十万人。

我们从 A 的简介上可以看出，他是一位极其优秀的保险行业从业者。但是为什么在知识内容创作领域跟 B 的差距竟然达到了上千倍之多呢？是因为 A 不够优秀吗？答案是否定的。恰恰是因为他太过于展示自己的优秀了。

我们回过头来看看 A 的个人简介，名校、硕士、第一、卓越、顶尖、创建团队这些词，都一再指向她是一个非常优秀的人。但这类头衔不断重复叠加，用户会产生一个观点："这跟我又有什么关系呢？"

反观 B 的个人简介，他先点出自己深耕行业多年，让用户产生信赖，同时提到自己专注于保险行业中家庭财务风险的这个细分垂直赛道。在明确这两点以后，迅速为观众提供价值：第一，我能够帮你守护财富。第二，如果你有新的轻创业想法，不妨来保险行业试试。第三，有任何需要咨询之处，找我就对了。

综上所述，账号名称、头像、背景图和个人简介所共同组成的形象套装，就像是你今天在回家的路上发现自己所居住的街区新开了一家餐馆。在没有品尝到他家的菜品之前，你对这家店的印象首先是来自于他的店名、招牌、就餐环境、菜品介绍、服务人员所呈现的专业度、温度、还有从店内散发出的香味。如果上述几点都无法打动你，你还会主动给予其机会，尝试他家的菜品吗？

手脑并用

结合账号名称、头像、背景图和个人简介，为自己打造一套全新的形象套装。

⑧对课程的拆解

既然选择了知识变现这条路，我们最终会将知识总结为体系，并将其课程化，也会将其推向市场。面对无数前辈在前方"蹚过的雷区"，有大量的经验和教训可供我们学习。拆解他们的课程能够让我们更好地做好定位和差异化。同时可以根据他们的情况，结合市场做好策略调整，避免出现重复错误。

1）课程形式

当你的知识总结已经达到足以将知识体系课程化的时候，一定要先拆解对标对象的课程形式。要看看他们的课是录播课、线上直播课还是线下课。

a. 录播课

课程总共录制了多少节？每一节的时长大概是多少？是整体录制完毕再进行切割，还是每一节都是一个单独的章节？

b. 线上直播课

有些对标对象开通了直播回放，有些则没有。如果开通了直播回放，可以认真地拆解主播是采用怎样的话术，如何与学员进行互动的。

场景搭建是否精致？课程的呈现如何？是纯粹的授课人口播，还是运用电子白板边写边讲？抑或是采用了PPT的辅助？

c.线下课

假设各方面条件都符合，例如价格可以承受、上课区域位置方便，不至于花费太多的住宿费和交通费、对标对象又有一定的影响力，就值得你去模仿。这样的线下课我们还是强烈推荐你花少量的钱直接去他课程的现场进行拆解。只有这样带着目的"深入敌后"才会有更深的见解。但是如果上述情况不符合，而他又确实是非常合适的对标人选，则可以从课程海报上来窥视一些端倪。例如，整个课程会持续多少天？是早上到下午，还是持续学习到晚上？

2）课程方向

我们一直强调，在确定了大的定位方向以后，要给自己一条专属的赛道来体现你的专业度。例如，你是一位专注于人力资源的知识内容输出者，这个大的赛道选择的人很多。如果泛泛而谈，不仅不能体现你的优势和专业，也会迅速被同质化内容给淹没掉。但是人力资源这个板块涉及到方方面面。诸如，人力资源规划、招聘、培训、绩效管理、薪酬福利、劳动关系等。你可以看看你的对标对象都在讲什么，看看他们还涉及未深的"夹缝"你能不能讲？能不能比其他人讲得更好？

3）课程价格

课程价格的拆解可以从价格体系着手。一个优秀的知识内容创作者在设定自己的课程价格时，应该至少包括三个档次，分别是引流课程、标准课程和高端课程。

首先，引流课程是为了吸引潜在客户的注意力，通常定价较低。如限时九块九，甚至完全免费，能快速扩大影响力和用户基础。

其次，标准课程的价格和内容深度介于引流课程和高端课程之间。这能够满足大部分用户的学习需求，是知识内容创作者重要的收入来源。

最后，高端课程能为创作者带来更高的利润空间，提升其行业地位，同时打造品牌高端形象。

仔细观察，你的对标对象是否是这么做的？

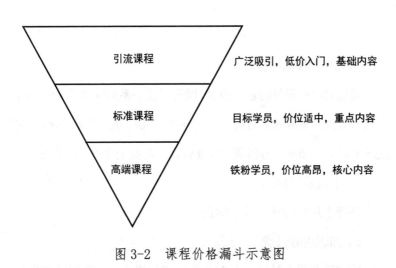

图 3-2　课程价格漏斗示意图

4）购买次数

观察他们课程的购买次数，学习他们卖得好的课程，给自己一些灵感。思考这个课程我能不能讲？是否比他讲得好？我的价格是应该比他高还是低？

手脑并用

利用下表，拆解对标账号课程，并根据自身情况做好策略调整。

课程形式			课程方向	课程价格		
线上直播	录播	线下		引流课	标准课	高端课

⑨对变现模式的拆解

通过对对标账号的创作内容、课程以及一系列蛛丝马迹的分析，尽全力对其变现模式进行拆解。变现模式大致分为五类，分别是引流线下培训、知识内容付费、商业咨询、电商变现以及广告接单。

1）引流线下培训

将线上用户转化为线下学员。

2）知识内容付费

通过经营线上社群，实现会员订阅和线上录播课程的销售。

3）商业咨询

以行业先行者或领军人物的姿态出现在同行面前，吸引同行学习个人先进经验和经营方式。

4）电商变现

在各网络平台开设店铺，同时直播带货。

5）广告接单

与厂商达成广告合作，如品牌植入。

仔细观察你的对标对象采用的是哪一种或哪几种方式在实现知识变现？你能不能做到？

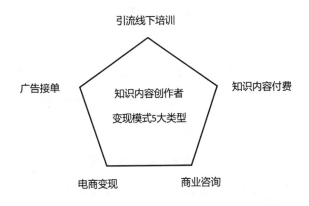

图 3-3　知识内容创作者变现模式示意图

（2）网络来源

网络上能提供给我们的知识原材料无非有四类，分别是音频、文章、视频以及课程。

①找对标对象的爆款

借鉴对标账号的爆款内容，是知识内容创作者快速吸引关注、提升影响力的一条非常有效的途径。因为爆款内容通常反映了当前市场上用户的兴趣点和需求变化趋势，也隐藏着一套经过市场验证的成功公式，对其加以借鉴，可以大大减少试错成本，让知识内容创作者在创作初期，起点就比其他人更高，达到有效提高内容质量和传播效率的目的。而且，就目前而言，社交媒体和内容平台的算法机制对爆款内容有着天然的偏好，内容越优质，获得的曝光机会就越多。通过分析对标账号的爆款内容，可以大幅提高自己内容的查阅量和传播范围，从而实现在激烈竞争中脱颖而出，最终实现个人品牌的塑造和商业目标的飞跃。

②在对标对象评论区找创作灵感

即便我们精准锁定了个人知识内容定位，并且精心挑选了对标对象，在日常知识整合与内容创作的路上也有可能遭遇创作瓶颈。为此，我们特意向大家揭示一处常常被忽视的创意宝库——那便是对标对象的内容评论区。在这片交流空间中，用户讨论所产生的热门话题就是一股源源不断的灵感源泉。当你仔细挖掘其中的反馈与讨论内容，你将发现它们不仅反映了受众的真实关切与深层需求，还蕴藏着丰富多样的视角变换和故事线索，这些足以成为你灵感枯竭时的及时雨。

举例，你是一个金融知识领域的内容创作者。在你的对标账号评论区，你一定会找到很多灵感，比如你会发现问题主要集中在这三个方向：

某某理财产品是否值得一买？

某某公司近况如何？

A、B、C 三种产品哪种更好？

聪明的你是不是可以根据自己对这些问题的了解，为用户答疑解惑呢？

（3）书本来源

①明确阅读目的

我从小就喜欢读书，而且涉猎甚广，经史子集、天文地理、政治军事，我都喜欢看。而且每次读书的时候都是从头到尾，一字不落地读完整本书。我认为这样才有满足感，这样才能把作者所有的知识、思想精华全部融入到我自己的思想中，这样我的大脑才能得到了最大限度地充实。而且在那时，读书能让我在和亲戚、朋友、同学交谈之时，有大量的知识可以去炫耀。

"你认为蜘蛛是属于昆虫还是动物？"

"为什么秦朝只存在了那么短的时间？"

"欧洲和非洲之间的海峡叫什么名字？不清楚了吧？"

每当大家答不出某个问题，需要我来解答时，我就觉得"我的知识量真大，我真是无所不能"！

多年以后，我发现读了那么多的书，对我生活、学习的改变似乎没有起到太大的作用。经过长期的认真反思，才悟到其中真谛，究其原因就是没有做到"学以致用"这四个字，在不知不觉中做了书籍的奴隶，而不是主人。回想起自己当时为了炫耀而去提问和回答，那感觉跟孔乙己问店小二"茴字有四种写法，你知道么"没有任何区别。

在真正理解了"学以致用"这四个字后，首先，我学会了说

"不"。面对众多"新书好书推荐列表"上的那些看似热门但不符合我个人兴趣的书籍，我学会了拒绝，转而将更多时间投入到真正热爱和对改善工作、生活有益的领域。

其次，我开始为自己设定阅读目标，不再追求量的累积，而是以"致用"为目的去阅读。为了让亲子关系和谐，我就读家庭教育方面的书，把其中的方法尽可能地尝试一遍；为了更好地管理员工，我会去阅读心理学和管理类的书籍，将其中的方法运用到工作中；为了要创立一门课程，我会去搜寻跟该课程有关的大量书籍。

最后，我不再逐字逐句、逐章逐节地去阅读了，而是根据自己的阅读目的，去挑选对应的章节来读。读完以后马上"投入实战"。没有读的部分，就把章节名称简单地过一下眼睛，留存一个印象，暂时放在旁边，以备后期有需要时再读。

自此，我发现自己不再会被信息的海洋所淹没，也不会失去阅读的方向，而且越来越高效。我现在可以在知识的海洋里驾驶自己的航船，对着灯塔有目的地航行了。

②寻找目标书籍

1）目标书籍是筛选出来的

我们之前有提到过，知识内容创作者必须要在自己确定的大方向之内，再细分出垂直领域。这些领域要结合自己是否擅长，涉及此方向的对标对象人数是否较多等因素来确定。

举例，比如你想做健康这条赛道，是选择健康的心态，还是健康的运动，抑或是更倾向于营养学的普及？

如果你是软件开发领域的专家，是专注于开发实战经验的讲解，还是宏观角度的架构设计理念？

又或许你热爱旅行，希望分享独特的旅行体验。那你是着重地理知识的普及，还是激发旅行背后人文故事的思考？是专注于个人旅行体验，还是在旅行过程中摄影和创作？

除了针对自身特点、网络信息的补充，接下来就是去找细分赛道的书籍了。

2）如何根据目标选书：选书策略性三步法

在明确了目标以后，我们应该放下曾经对书籍顶礼膜拜的读书态度。在选书方面，我们才是类似用人单位的老板，要选拔一个真正能够帮助到我们的得力干将，我们要把选书的过程视为一场精心策划的招聘。每一本书，都是一位潜在的智慧合伙人，等待着被我们的慧眼发掘。我们不妨将这一过程分为三大策略性的步骤，以确保最终能携手最适合的"人才"。

第一步："广发英雄帖"

在这个阶段，我们要遵循大数法则，就像一位求贤若渴的伯乐，向四面八方撒下宽广的网，广泛购买、收集相关赛道的书籍。为什么要采取大数法则？因为在茫茫书海中，真正的瑰宝往往潜藏于众多平庸之中，只有选择面够大，才会增加遇见那本"真命天书"的概率。这一步骤看似成本较高，其实是为后期的精准和高效打基础，就好比企业招聘时收集海量的简历进行筛选。只有数量足够，才能保证质量的可靠性。

第二步："约见面试"

书籍就像是求职者，一旦被纳入我们的法眼，必须经历来自我们的严格筛选。现在，你将对一众书籍进行初步"面试"——快速浏览目录、序言、概要乃至部分章节。这好比与候选人短暂交谈，迅速捕捉其核心价值。有些书的翻阅也许只有几分钟。不要觉得可惜，也不要觉得这个选拔的过程残酷，因为这是"百里挑一、优中选优"的关键。只有这样，才能确保留下的每一本书都与你的细分赛道、学习目标及认知水平完美匹配。

第三步："同舟共济"

经过层层筛选，最终脱颖而出的书籍，就是你即将深度合作的"伙伴"了。此时，阅读就不再是一场浮光掠影的浏览了，而应该变成一次深度的对话。你将与书中的智慧"同舟共济"，细细品味每一个对你有用的章节，深挖背后的逻辑，将其转化为自身知识体系的一部分。这就是知识的转化吸收过程，也是个人智慧与书中智慧相互融合、共同成长的过程。

通过这一系列步骤，从广撒网到精挑细选，再到深度融合，我们不仅找到了最合适的书籍，也完成了知识的高效整合与个人能力的升华，真正实现了从"选书"到"用书"的完美蜕变。

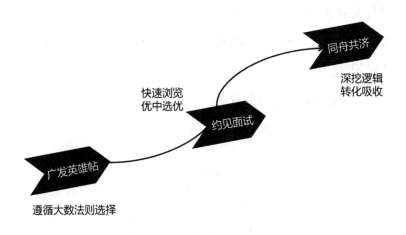

图 3-4　选书策略性三步法

3）"搜集精深"阅读四步法

正如一位卓越的领导者在团队建设中要做到慧眼识珠，精准用才，阅读也需要一套高效的策略，以达到"学以致用，为我所用"的目的。在这里，我们将这套高效的策略命名为"搜集精深阅读四步法"，它就像是一位明智老板的用人之道，通过四个关键步骤，将书籍视为潜力无限的"员工"，并且尽全力挖掘其最大价值。

第一步：搜索阅读——按下你的"CTRL+F"

在经过策略性的选书，也就是在你这位老板精心筛选简历后，这批"新员工"也入职了，我们接下来该怎么做？

作为老板，你应该根据公司项目的目标，培训和选拔新进员工，再度搜索、确认哪些员工具备完成该目标的能力。这个过程就像是我在电脑文档中带着搜索目的而按下"CTRL+F"一样，能让你省时省力地找到你想得到的内容。搜索阅读体现的就是这个过程。

之所以这样做的目的有三：

其一，验证自己的细分赛道是否正确。

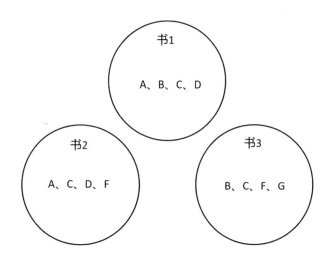

图 3-5　各书所含目标示意图

如图 3-5 所示，假设你想做企业培训方向的知识内容创作者，并且你选择阅读企业培训类的书籍是为了达到 A、B、C 这三个方向的目标。再假设你现在通过搜索阅读快速浏览了三本书（实际情况是书本会更多），并且你发现第一本书能解决 A、B、C、D 四个目标，第二本书能实现 A、C、D、F 这四个目标，而第三本书能帮到你的是 B、C、F、G 这几个板块。综合来看，分布最广的是 A、B、C、D、F 这五个细分方向，所以你自己选定去做的大方向是没有问题的，因为他们得到了三位作者的一致推广，而这推广的背后意味着广大用户的需求。

其二，验证在搜索过程中，展现出的各本书内容的交集，认真审视：

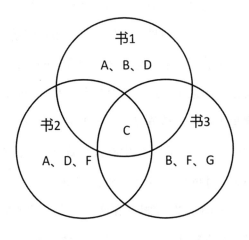

图 3-6　各书目标交集示意图

如图所示，三本书都提到了 C 方向。那么你可以有如下思考：

"C 领域他们已经在讲了，我能不能讲得比他们还好？"

"我能不能通过其他方式弥补我与他们在 C 领域的差距？"

其三，看看能不能产生新的"蓝海"。

"如果我的内容在 C 领域确实无法与之抗衡。在没有产生交集，并且竞争相对不激烈的 A、B、D、F、G 这些部分，有没有市场？如果有市场，我能不能较好的发挥？"

搜索阅读，就是按下你内心的"CTRL+F"。即带着明确目标，迅速锁定关键信息。不用逐字逐句地研读，运用高度聚焦的策略，迅速捕捉每本书中对于细分赛道的独到见解和不同表述。

第二步：集中阅读——放手按下"CTRL+C"和"CTRL+V"

当书籍化身为公司的员工，作为老板的你初筛了五十名新员工进入了公司。现在你想进一步挖掘具有市场营销和销售能力的员工，实现目标效能的最大化。所以经过你的考察，在这五十名员工中精挑细选出来了十位，这个过程就是"搜索阅读"帮你实现的。在聚集了这一帮精英以后，接下来又该怎么做呢？这就要进入"集中阅读"了，而"集中阅读"就是智慧的聚拢与重构，就像是对精选人才的优势整合与优化的过程。

放手按下"CTRL+C"，意味着在这个阶段，你需要根据目标所需，大胆复制书籍中的知识，与自己现有知识体系完美融合，或是能够填补你个人认知空白的亮点与精髓。就像一位真正英明的老板，在日常管理中，不会忽视任何一名员工的闪光点。只要是跟我的目标领域（如上图中的 C 领域）相关的内容，统统都不要放过。你可以：

直接拍照；

转文字存到文档内；

画思维导图；

下划线画重点；

便签备注；

直接把有用的那页给撕下来，重新整合做成"剪报"；

······

方法数以百计，选择自己最喜欢、最高效的方式即可。

完成这一步骤后，我们想强调的有三点：

"CTRL+C"绝不是对信息的机械抄袭，真正的学习，从来不是知识的搬运工，而是思想的建筑师。

收集并不等同于盲目堆积。因此，按下"CTRL+V"的环节，就意味着将精心挑选的优势与精华，按照逻辑和需求重新粘贴、整合到自己的知识框架之中。这个过程考验着作为"老板"的你的策略布局能力，以及对团队（知识体系）未来发展的前瞻性规划。

你需要结合自身的知识背景、生活经验、价值观等，对粘贴的知识做个性化解读。因此，即使是面对相同的书籍和知识点，每个人所构建的理解框架和应用方式也会有所不同。正是这种差异性，赋予了知识传播与创新的无限可能。

第三步：精炼阅读——要舍得按下"Delete"键

喜欢做摘要阅读的人一定有一个深刻的感触：随着对信息收集的推进，会觉得你看到的每一句话，每一个字都是极其重要的。这会导致摘录的内容越来越多，摘抄本、剪报册越来越厚，手机或电脑的存储空间越来越小。

通过"搜""集"这两步以后，事实上我们已经获得了大量有价值的信息。但现在还有一个棘手的问题摆在我们面前，这些信息是否都需要照单全收地放到我们的知识体系里去呢？

精炼阅读，这一步骤就像一位明智的老板在管理团队时，敢于按下那个至关重要的"Delete"键，对不再适用或偏离战略方向的方案说"不"。我们必须扮演好那位果断决绝的领导者角色，对所读内容精简，确保每一项知识都能够精准服务于我们的目标。

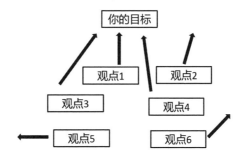

图 3-7　如图所示，观点 2、5、6 就应该果断删除

要舍得按下"Delete"键，这不仅是勇气的体现，更是智慧的抉择。在阅读的海洋里，书籍如同形形色色的员工，他们各自拥有独特的观点与技能，但并非所有的观点都与我们的战略目标完全契合。作为阅读的主导者，我们必须学会挑剔，勇于质疑，对那些与我们追求目标相悖的内容，坚决按下"删

除"键。

第四步：深化阅读——点击那个"放大镜"

在"精炼阅读"的探索之旅中，我们已从广纳贤才、精准整合，再到精炼筛选，每一步都如一位精明的老板在打造精英团队。现在，我们踏入了最后的阶段——深化阅读，即点击那个"放大镜"。

在深化阅读阶段，我们不再仅仅只满足于书籍表层的解读，而是手持放大镜，深入探索那些隐匿在文字间的智慧火花。正如一位细心的老板，不仅关注员工的常规表现，更善于捕捉他们在不经意间展现的潜能。它们或许起初并不在我们的学习计划之内，但其潜在的价值不容小觑。就好像一位员工在完成既定任务时，意外展现出的其他能力，如强大的团队协作能力、创新思维等，这些优点若能被有效利用，将对团队目标的实现产生极大的正面影响，为团队（知识体系）注入新的活力。

在阅读中，我们应多一些这样的"意外发现"，并主动去探索这些信息与原有学习目标之间的联系，看看它们能否为我们的知识体系带来有力的补充或提供新的视角，从而拓宽我们的认知边界。

图 3-8 "搜集精深"阅读四步法

手脑并用

通过选书策略性三步法，列出一张跟你的知识内容创作目标相关的书单，该书单至少应包括二十本书。迅速下单购买，到货后通过"搜集精深"阅读四步法，用一至两天的时间快速完成阅读，充实自身知识。

（4）交流与专家访谈来源

在知识再整合这一过程中，交流与专家访谈同样能为我们的知识物料台提供原材料。后面我们会提到专家访谈，先来看看交流可以延伸出的三大类，分别是与家人朋友交流、行业私域圈子交流以及社群交流。

①与家人朋友交流

之所以与家人朋友的交流可以作为知识内容创作者的资源，

是因为它具有亲近性和信任度高这两大优势。因为家人朋友间的关系亲密，你不需要在开启交流前费时费脑地去精心组织语言，家人和朋友对你肯定是知无不言，言无不尽的。而且，基于彼此相互了解与信任，他们更愿意分享深度见解和个人经验，内容真实可靠，不会藏着掖着，很多东西可以问得极深，特别适合刨根问底。

②与行业私域圈内成员交流

行业私域圈子作为知识内容创作者的宝贵资源，其优势首先在于针对性与专业度。圈内成员往往基于共同的行业背景走到一起，交流无障碍，信息传递效率高。就像大家都来自教培行业，一开口说话，相互都明白对方想了解哪些信息，例如：

"老李，你们这次新校区招新转化率怎么样啊？"

"老吴，你们学校老师的薪酬福利设计经验能不能传授一下？"

"老唐，今年暑假课消不错吧？"

"王校，秋季续班续得如何？"

其次，信任基础强，成员间更愿意分享实战经验与内部资讯，很容易获得某些非公开资料。而且这类场合的问题与解答紧密贴合个人需求，避免了公开平台信息的泛泛而谈。这样的交流，不仅具体实用，还能促进头脑风暴，激发更多思路，能获得的都是实操干货。

③与社群交流

参与社群交流能够获得较多有用信息的原因在于，社群聚合了来自不同背景、拥有丰富经验与见解的成员。就像我们"起阅创能会"的会员来自各行各业，但我们聚在一起都是基于强烈的知识探索与个人品牌塑造的初衷。这使得我们的会员就同一个观点而言，能从各自所在的行业角度出发，通过成员间的共读、分享、研讨和实操，实现知识渠道获得的多样性。这样的互动不仅提供了实用技巧，还增进了成员间的连接与合作机会。

假设，你提了这样一些问题（下面的提问和回答，都是我们"起阅创能会"的日常）：

问题1	"如何在社交媒体上提升个人品牌的独特性？"
来自会员A（设计师）的答复	"视觉识别很关键，你最好能有一个统一的视觉风格，这样才能使你的个人品牌形象快速脱颖而出，我觉得你可以考虑调整你作品的配色方案。"
来自会员B（写作教练）的答复	"个人简介的文字可以再调整一下，更有温度一些，塑造一个你自己独有的品牌故事，文字一定要精雕细琢才行。"

问题 2	"我平时忙的时候，应该怎样平衡个人品牌建设与日常工作呢？"
来自会员 C（时间管理教练）的答复	"一旦你确定了一个目标，有动力才有保证。所以，把自己的目标设定得再清晰一点，为个人品牌的活动或事项安排固定时间区域。比如早晨用来写作或周末预留时间录制视频，同时，你还应该把碎片时间好好利用起来。"
来自会员 D（公司老板）的答复	"能不能把各个事项统筹安排一下？你可以通过分享自己对行业的见解来提升公司知名度，这样就能实现个人和公司的共同成长。"
来自会员 E（自由职业者）的答复	"完成一个项目以后，总会有一些空隙。我自己一般都是利用项目间的空档期，集中精力投入知识内容的输出、短视频的拍摄和剪辑。这样不仅能有效避免互相干扰，还可以保持我自己的节奏感。希望对你有帮助。"

④专家访谈

专家访谈在知识再整合过程中的重要性是不言而喻的，它为知识内容创作和知识深化提供了权威、深入且独特的视角。

1）专家的定义

重点强调的是，这里提到的"专家"，除了在企事业单位、组织或机构任职的拥有社会认可头衔的专业人士以外，在我们日常的工作、生活、学习中拥有一技之长的人也可以称之为专家。比如，一个宝妈在家做图文带货的副业，她的图做得特别精美，而且从未遇到任何关于侵权的投诉，靠图文带货赚了不少钱；一个高中的小女孩，短视频内容引人入胜，在网络平台上的点赞、评论、转发、收藏等数据都高得惊人。这类人群虽然没有"专家"的头衔，但他们却在自己的领域取得了令人羡慕的成绩，因此对于想要学习上述技能的人而言，这类人群是确实拥有值得学习的地方的，所以也算专家。

2）专家访谈的核心

在对专家进行访谈时，有很多需要注意的地方。比如在访谈前明确自己的研究主题和想要获取的信息类型，同时向专家清晰地表明访谈目的和访谈内容将如何使用，确保透明度，建立与专家之间的信任与尊重。在访谈过程中应该先让专家放松，再开始使用开放性提问，保持全神贯注地倾听，并给予点头等简短的回应来进行互动，在访谈结束以后表达感谢。这些都是常规操作。在这里我特别想强调的是，把提炼和学习专家的工作步骤作为重中之重。

我经常向自己不同的学员提同一个问题：A 是倒水的专家。每次都能顺利拧开一瓶矿泉水的瓶盖，拿着这个瓶子往杯子里倒水时，能做到滴水不漏，水面还能保持与杯口齐平。B 从来没有倒水的经验，请问 A 应该如何教会 B 做这个动作，总共需要多少步？

为什么要提这个问题？是因为很多专家所取得的成绩有很大一部分来自于他们个人的经验、直觉、思维方式、行为方式或性格特征等隐性的知识。况且专家也分"能干又能说型"和"能干不会说型"。而使用经验提问，能够唤起专家的知识重构，所以这是引导专家将其隐性知识显性化的正确访谈方式之一。

我们曾经为一个盛产水果的乡镇辅导过新媒体运营和推广。这个乡镇的水果一直备受采购商的好评。主要原因是他们的水果不仅比其他地方的更新鲜，而且采后损耗率也是最小的。为了帮他们量身定制一套新媒体方案，我们对很多果园主进行过访谈，现在我们就以与他们的访谈为例来展开说一说。

在访谈之初，经过简单的寒暄，我们先让这些果园主们泛泛地谈了一下自己的种植经验以及自家水果跟其他乡镇水果相比的优势。稍后，我们专门请他们总结了能够让水果保持新鲜，并且能够帮助降低采后损耗率的最重要的三步：采摘、运输和储存。

但是在实际访谈过程中，当提到"采摘"这一环节时，先不要问"那下一个步骤是什么呢"，我们应该把在这个环节会遇到的问题穷尽以后，再进入到下一个步骤。比如在采摘这个环节，我们问了下列问题：

"水果是怎么摘的呢？是用手摘？还是某个工具？分别都有什么需要注意的地方？"

"听说为了保证水果的新鲜，还得保留一部分的枝，这个枝得留多长呢？"

当把"采摘"环节能够想到的所有问题都问完了以后，我们才进入到下一个环节的提问，即"运输"。因为我们对农业生产运输不熟悉，所以在这个环节，我们提了很多我们想要详细了解的问题。例如：

"运输时长不能超过多久？"

"运输时，水果上是否要覆盖一些遮蔽物以避免阳光的暴晒？"

"车是走铺装路面还是土路？"

因此，专家访谈一定要先从专家所经历过的项目谈起，尽可能在自己的脑海中捕捉并识别各个流程，再重新排列并构建全流程画面。在对整体环节有所把控的情况下，把每一个环节尽可能地深入交流下去，获得各环节众多知识点的集合，再来进行知识整合，才能得到专家的全部经验。

本章总结

　　本章主要探讨了"无所能"概念，该术语深刻揭示了个体在知识管理方面的常见困境——即有效整合与应用所学知识的不足。在此基础上，强调了构建个人知识体系的至关重要性。重点知识如下：

　　知识信息渠道来源：网络、书籍、交流

　　包括对标题、音频、文章、视频、形象套装、课程在内的各类知识原材料的详细拆解

　　书籍的使用有"选书策略性三步法"和"搜集精深"阅读四步法

　　知识内容产品的价格设计

　　知识内容产品的变现模式

　　总结而言，本章希望激励每一位学习者主动出击，跨越知识碎片化的障碍，迈向更高层次的认知与实践领域。

第四章

如何解决知识提炼能力的"无所能"

——构建自己的知识体系

为什么要构建自己的知识体系

以前，一个企业的产品如果具备卓越品质，便会不费吹灰之力地打开市场，这就是那个"产品为王"时代的写照。在我们的童年记忆里，"省优""部优""国优"的标签是衡量商品优劣的重要标准。后来，随着生产力的大幅提高和制造工艺的不断精进，高品质产品层出不穷，竞争的焦点也从单一的产品质量转向了更广阔的销售网络。拥有功能相似、价格范围重叠的产品的两个商家，为了能在激烈的竞争中胜出，更是积极开拓销售渠道，与更多商场和经销商合作，铆足了劲要超越对手，这标志着"渠道为王"时代的到来。

时至今日，产品与渠道的竞争已趋于白热化。这时，一个更为关键的因素便浮出水面——"人的力量"。二十年前，我的经理对我说："三流的业务员卖产品，二流的业务员卖理念，而一流的业务员则'卖人'。"如今细品，所谓"卖人"，其实就是要塑造强有力的个人IP，把自己的知识、能力、形象整体打包推广出去。

试想 A 与 B 两位美女主播销售同质同价、设计独特的商品，消费者如何抉择？你选择了 A，并不是因为 B 不够有亲和力，而是 A 把产品的功能讲解得更清楚。你选择了 B，并不是 A 不够漂亮，而是 B 的销售话术让你产生共鸣，更能激起你的购买欲望。最终，你选择的会是你心目中更"顺眼"的那一位。什么叫"顺眼"？其实就是这个人的气质、谈吐、着装、思想深度、一颦一笑、一举一动，甚至所处的环境塑造的整体形象让你觉得更舒服、更喜欢。正因如此，我们目睹大量名人与网红涌入直播带货行列，利用其个人影响力引导消费决策。消费者可能在 A、B 两个产品质量、价格相差不多的情况下，因为某位带货的明星，而选择了其直播间的产品。甚至有可能在该物品对自己毫无用处的情况下，因为喜欢、欣赏、信任带货明星，而倾囊下单，这其实再次向我们彰显了"IP 为王"新时代的到来。

在"IP 为王"的时代，个人 IP 成为了吸引关注、建立信任和影响力的关键。而构建自己的知识体系对于提升个人 IP 的价值又能起到决定性的作用。我们所熟悉的罗永浩与董宇辉，他们的成功之路，就特别生动地诠释了这一点。

罗永浩从英语教师转型为科技创业者，再到"交个朋友"创始人，他的个人知识体系跨越了语言表达、文化传播、产品设计等多个领域。同时，他也构建了一个集知识性、趣味性与责任感于一体的个人品牌形象。他的每一次直播不仅仅是商品交易，更是知识与观点的传递，这种深度与广度并存的知识体系，让他赢得了大量"情怀"与"质量"并重的忠实粉丝群体。

而董宇辉在直播电商领域的异军突起，是因为其知识体系融合了教育学、文学、哲学等多个学科，让他的直播间充满了浓厚的文化氛围。他不仅仅是在卖产品，更是在传播知识、分享人生哲理，将平凡的商品通过讲解升华为心灵的交流。能做到如此挥洒自如，背后是一定存在对知识的深厚积累和对生活的深刻感悟的。这种独特的个人 IP 构建方式，迅速地吸引了大量追求品质生活、热爱学习的观众，成功将个人知识体系转化为强大的商业价值和社会影响力。

从罗永浩与董宇辉身上我们可以看到，他们之所以能够建立起强大的个人 IP，根本核心在于其精心构建且不断丰富完善的知识体系。这些知识体系不仅为他们提供了独特的内容创作源泉，还塑造了区别于其他人的鲜明个性。更重要的是，通过高质量的内容输出，他们与观众建立了深层次的情感连接和价值认同。这正是在"IP 为王"的时代，知识体系所能发挥的决定性作用。

很多人会对我们说："我没有大平台，没有资源，更没有人为我提供大笔资金，怎么能做到他们那个级别呢？"请记住，每个人的知识与经验都是独一无二的宝藏，变现之旅也并非遥不可及。关键在于，你要勇敢地迈出第一步，不必急于辞去现有的工作全身心投入，利用好你已有的平台，哪怕是从副业开始。

知识变现之所以受到普罗大众的青睐，正是在于它的灵活性与低门槛。你可以从撰写心得、录制短视频分享你的专业见解开始做起，再到开设在线课程、参与问答平台，甚至创建属于自己的社群。每一步都是在萃取你大脑中的"黄金"。刚开始也许播放量并不高，观看者寥寥。但只要你方向正确，不断复盘，紧盯目标人群，最终会吸引到大批志同道合的追随者。因为你的每一次分享都在无形中体现着你独有的知识，并不断构建和完善你自己的个人品牌。

渐渐地，你会发现自己建立起了一套知识传播与价值交换的体系。那时，你就会不知不觉地站在一个更高的维度上了。知识变现不仅是为了今日的收益，更是对未来无限可能性的投资。勇敢地迈出第一步，你会发现，原来让自己发光发热，真的不难。

什么叫"自己的知识体系"

"自己的知识体系"是一个偏正短语，它由一个名词——"知识体系"作为中心词，"自己的"是一个前置定语。所以我们先来聊一聊其核心，什么是知识体系？

一、知识体系的定义

笔者认为知识体系就是同一领域内，为解决某类问题而构建的达成同一目标的方法论。

上述句子中的关键词，他们分别是"同一领域""同一目标"和"方法论"。

二、同一领域

我们来看三个词组：

"社群会员卡销售技巧""社群运营从业人员招募技巧""成都担担面的制作"，请问这三个词组是否属于同一领域的问题？

前两个词组都属于社群经营的范畴，但第三个食品的制作显然与前两个词组不属于同一领域的问题。因此，我们依然想提醒各位有志于"知识变现"赛道的内容创作者一定要将自己的内容细分、聚焦、垂直，把不利于自己知识品牌建设的其他知识"杂质"从自己的知识体系中剔除。

三、同一目标

我们再来看三个词组：

"输电设备介绍""电力公司网格化服务规范""网格化服务风险点及应对"。请问这三个词组能整合为一个整体，进而实现同一目标吗？

后两个词组的存在都是为了进一步提升电力公司的网格化服务的，他们相互作用，相互依赖，并且具有相同的特定功能。而第一个词组虽有自己的用途，但在提升网格化服务方面却没有一席之地。

四、方法论

方法论的定义很多，大家自行上网查询即可。我们认为，最重要的是能提炼出"放之四海而皆准"的原则，例如我们学习过的代数公式：

$$a^2+2ab+b^2=(a+b)^2$$

无论 a、b 是什么数字，等号两端的答案一定相等，这就具备了普适性的原则。当然，"放之四海而皆准"这个标准或许太高了，这时就可以思考：我自己的方法论是否能"放之本地生活而皆准"？

正如你在上海经营便利店多年，赚了不少的钱。你期待用你的知识去为当地，或周边城市准备进入便利店赛道的行业新手赋能，让他们少走弯路。你可以为他们提供的信息有：

选址经验：包括小区入住率对生意的影响，哪个入口的人流量更大，租赁合同的签订方式等。

商品结构规划经验：如怎样根据季节和本地人的购物习惯调整商品的策略。

库存管理经验：通过先进先出原则，在确保食品类产品新鲜的前提下如何减少损耗；怎样计算库存周转率，避免资金积压。

盈利提升经验：分享成功的促销案例，如限时折扣、捆绑销售、会员积分制等；如何利用社交媒体提供的公域流量做低成本宣传，同时建立私域流量进行变现。

如何构建自己的知识体系

在上一章中，我们把知识再整合比喻为充实你的知识料理台，当所有新鲜的知识都经过筛选、准备就绪后，就要轮到你这位知识烹饪大师将其制作成一道精美的大餐了，那么你应该如何下手呢？

图 4-1　从个人知识到构建个人知识体系示意图

一、知识体系的两个方向

面对众多的食材和原料，作为大厨的你，可以开始考虑自己面前的两个发展方向了。一个是横向，一个是纵向。所谓横向，就像你开一家餐馆，不仅卖红烧牛肉，还卖卤排骨，甚至凉拌猪耳朵和肺片你也不在话下。即使是店里像泡菜一类的小菜都广受客户喜爱。总之一句话，食客如果到了你的店，各种菜品一应俱全，可选择面非常广。而纵向，则是"任尔几路来，我只一路去"。产品线单一但精深，颇似我们成都周边"农家乐"早年间的"一鸡四吃"，一只鸡可以用来红烧、煎炒、油炸，也可以用来炖汤。如果食客想吃鱼香肉丝或水煮牛肉，对不起，我就一个品类。

　　个人成长的道路并非单一路径，而是交织着纵横交错的双轨。横向扩展，意味着你需要广泛涉猎，触类旁通。而纵向深入，则要求你精研细究，成为某一领域的权威专家。假设你是一名优秀的销售人员，作为公司常年霸榜的销冠，你对于"签单"这一核心技能的掌握，就可以延伸出两个完全不同的知识体系路径。

　　首先，以"签单"为起点，实现知识体系的横向拓展。例如，在稳固签单技巧的基础上，你还可以进一步开发出识别潜在客户的技能，捕捉客户需求的微妙信号，维护老客户的策略，有效开拓新市场的方法，以及搭建高效销售团队，分享领导力与团队协作的精髓。这些横向延伸的知识产品线，不仅丰富了你的知识体系，也为他人提供了全方位学习资源的选择。

　　其次另一个策略，则是实现知识体系的纵向拓展。"签单"看似简单，其实包含着一系列复杂的学问与策略。诸如，精心策划的签单流程，各个环节的精准话语选择，通过巧妙安排座位以营造有利氛围，选择最适宜的签约环境以增强信任感，以及把握恰到好处的关单时机，等等。

如果你想成为细分市场的领军人物，你可以选择"签单"这一垂直领域持续深耕，结合自身丰富的实战案例，不断迭代升级，做出自己知识产品的1.0、2.0版本，甚至10.0版本。通过不断研究客户心理、行为模式，直至行业趋势，提炼出更为精准、高效的客户识别模型，使自己成为该领域的权威专家。纵向发展，不仅巩固了你个人的专业地位，也能为你横向的拓展提供更为坚实的支撑，两者相辅相成，共同推动个人在知识变现的道路上越走越远，越攀越高。

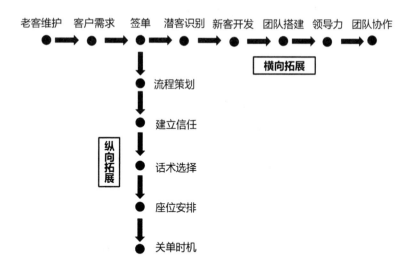

图 4-2　知识体系的两个方向示意图

二、构建个人知识体系的4大步骤

在确定了知识体系的方向以后，为了让你更好地理解和实践这一过程，作为地道的成都吃货，我们将构建个人知识体系的过程比喻为烹制美味佳肴。现在，就让我们带着你手把手地来打造这一场知识盛宴吧。

1. 确定大结构——准备锅灶与食材

今天，你邀请了三五好友来赴家宴，厨房里早已备好了按上一章方法获得的知识原材料。既然是宴席，你就还有大量的准备工作需要完善。例如，烹饪前，先要准备好炉灶，清洗好锅具。根据你食谱上的菜品准备盛放汤和米饭的碗，装小菜、冷盘的碟，放主菜、炒菜、点心的盘，适合炖煮类菜肴的煲，喝酒水饮料的杯等。同时还要将蔬菜、肉类、调料等分类摆好。"构建个人知识体系"，就是要明确你将要出产的知识主题领域，搭建一个大致的知识框架。这本质上跟厨房中的准备工作没有太大区别，都是为后续的知识"烹饪"打好基础，定好调。

具体的个人知识体系怎么搭建？请你先照下图画出架构。

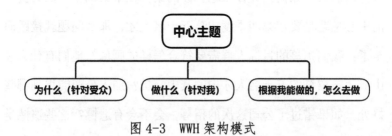

图 4-3　WWH 架构模式

以我们做过的实际案例来为大家详细说明。

我们曾经受邀到某知名保险公司参与一个重要的人才招募项目。

众所周知，保险业以其显著的人力流动性著称。人员招聘与公司收益之间存在着直接的正相关性——团队规模的缩减会不可避免地导致业绩下滑。而人力资本的扩充则可以为业绩的提升提供坚实的基础。因此，该公司希望借助公司升级的人才招募政策、新媒体传播的强大力量、老员工个人品牌塑造的深度融合策略，在当年的第四季度吸引至少五十名优秀人才投身保险业，加入团队大家庭，进一步提升该季度的业绩。很显然，"第四季度招募五十名人才"就是上图的"中心主题"。

接下来大家看到的是"为什么"，并且在后面的括号里我们写了"针对受众"四个字。什么意思呢？受众就是目标人群，也就是你知识盛宴的食客。我们需要明确，这些食客都是哪一类人群？他们口味如何？凭什么吃我炒的菜？在本案例中，因为公司的中心主题是要在第四季度招募五十名人才，那么问题就接踵而至了：我们招募的目标人群需要符合怎样的画像？他们有什么理由成为被招募的五十名人才中的其中一员？加入公司能得到哪些好处？如果错过了公司这次的招募，会不会有遗憾？这些遗憾是什么？厘清了上述问题，才算真正弄明白了这里的"为什么"了。

因此，我们需要先给目标人群画像，确认公司在招募时需要重点关注和发展的人群。

表4-1　保险业招募人群画像（节选）

目标人群画像（节选）
有加入或了解保险行业的意愿
有从事保险工作的特长、优势、天赋，但自己没有发现或被挖掘
有从事保险行业的条件，如有时间（宝妈、刚刚离职的）、有兴趣、有资源（人脉圈）
有经验（目前正在其他同行公司任职，但已萌生去意）或曾经从事过保险行业

接着，在"为什么"的基础上延伸出"加入公司能得到的好处"和"不加入公司会遗憾错过的东西"这两块。作为切实受益于公司友好政策和高收入的"我"（指老员工），能够做些什么让新人充分获得，而不至于失去。这就是"针对我"了，"我"能为目标人群做些什么？于是，经过了这一系列的思维过程，最初的架构变成了下图的样子：

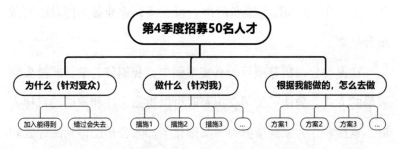

图 4-4　对 WWH 架构的填充

有了这个思路过后，根据个人实际情况，你可以自己利用诸如"亿图亿脑（MindMaster）"等思维导图工具，试着搭建你的个人知识体系。想想"中心主题""为什么""做什么""怎么去做"分别是什么？

至此，家宴的锅灶与菜品分类完成了，你个人知识盛宴的大结构也就确定了。让我们一起进入下一个环节。

2. 细分小板块——食材预处理

在一众菜品真正下锅之前，对于食材，你可以切丝、切片、切丁，再用上腌制这些预处理手法，这样才会使各类食材更加适合烹饪。知识的整理也遵循同样的道理。为了让你的知识盛宴更加可口，你需要把自己的知识也切成丝，切成片，甚至切成丁，尽量地细化下去。

还记得前文中保险公司第四季度招募的案例吗？在"确定大结构"这个板块中我们画出了"WWH"的框架，其中的两个"W"和一个"H"就如同你准备的肉、蛋、菜，你准备如何对他们做细分处理？

在保险公司招募项目的真实案例中，我们带着学员通过头脑风暴的方式，确认了公司在招募时可以重点关注和发展的目标人群。紧接着，大家群策群力，又细化了加入公司能得到的好处和不加入公司会遗憾错过的点。最后得出了下表：

表4-2　站在目标人群的角度思考"好处"和"遗憾"

加入的好处（节选）	错过的遗憾（节选）
享受行业领先的佣金制度，大幅提升个人收入。	失去一个可能大幅提升个人收入的渠道。
完善的健康保险、退休金计划等，保障个人及家庭安全。	错过系统化专业培训，个人能力提升缓慢。
获得系统化专业培训，快速提升职业能力。	错过一条明确的职业晋升路径，职业成长受阻。
清晰的职业发展路径，从新人到管理者的飞跃。	错过一个高效整合个人时间与职业发展的机会，生活与工作失衡。
时间灵活，能平衡家庭与事业。	错过潜在职业兴趣失去转化的机会。
将兴趣转化为职业，兴趣赚钱两不误。	现有资源不一定转化为职业优势，错失共赢机会。
将个人社交网络转化为业务资源，实现双赢。	错过保险行业快速发展的最佳时机。
通过专业服务建立个人品牌。	错过自我提升的机会。
参加各类行业论坛和研讨的机会，拓展视野。	错过获得国际旅游、开阔视野的机会。
业绩达成即可获得海外旅游机会。	错过扩大社交圈，建立人脉的机会。
帮助客户解决问题的同时，获得职业成就感。	很可能错过积极向上的团队环境，独自面对挑战。
终身学习的机会，保持个人竞争力。	未能在广阔的保险市场中分得一杯羹。
加入积极向上的团队，共同成长。	后悔没有把握这次改变职业生涯的机会。
掌握先进营销工具，提高工作效率。	
市场前景广阔，潜力无限。	

接下来，我们让学员结合目标人群画像的"为什么"去考虑如何募新。经过积极踊跃的思考和回答，大家给出了众多的想法，像创建系列视频内容、举办公开讲座与分享会、私域朋友圈推广、面对面咨询日、直播互动、职业体验营、社区合作活动、在线问答与论坛参与、校园招聘宣讲会等。"我能做什么"这一问题的答案就浮出水面了。

当然，光有这些粗略的板块是不够的，还需要进一步细化，所以，我们对学员刨根问底，接下来就有了这样的问答：

Q1：讲座与分享会准备怎么搞？多久组织一次？

A1：可以邀请像团队长这样的公司内部资深保险人，分享他们在保险行业的成长经历，内容肯定真实、感人。我们计划一周组织一次。

Q2：系列视频准备从哪些方面来创建？

A2：我们考虑从保险避坑知识，理赔到底难不难，以及公司文化这三个方面来创建。

Q3：私域朋友圈推广哪些内容呢？

A3：职场心得、团队风采，获得奖励、建立专业且亲民的品牌形象，打消目标人群认为"保险难做"和"不好意思做保险"的心态。

在实际培训中，我们的问题更加深入和细化，通过大量的问答与启发，"我该怎么做"的问题也随之迎刃而解。

对于不同领域的知识内容创作者而言，可以把这两个动作整合到一张表里，确保一目了然。你可以按照下面两个例子，画出这样的表格，根据自己的实际情况填写。

例1

表4-3 职业规划师知识内容创作策略表

我的职业	职业规划师
我的知识内容 （中心主题）	讲解个人品牌塑造与职业转型策略
我的目标人群画像 （节选）	三十五岁上下职场人士 有一定工作经验，正处于职业生涯转型期 可能正考虑晋升、转行或自主创业 希望通过个人品牌建设增强职场竞争力 亟需正确有效的策略
他们能获得的好处 （节选）	精准定位职业方向 高效转型策略，减少转型风险 个人品牌增值，提升行业内外知名度和影响力 为职业发展拓宽资源渠道 终生成长
他们错过的遗憾 （节选）	可能会错过行业变革带来的新机遇 缺乏个人品牌和转型策略，可能导致竞争力下滑 缺乏明确规划，可能导致频繁跳槽或职业停滞 缺乏人脉资源，可能错失合作和晋升机会

续表

我的职业	职业规划师
我能做什么 （节选）	定期答疑解惑 案例分析 咨询 聚集目标人群，统一讲解 持续更新内容
我该怎么做 （节选）	一周三次免费答疑，直播形式，每次一个小时 成功与失败的案例都讲 每周前三名九块九毛做低价一对一职业规划咨询引流，并针对个人情况制定专属方案 建立专属社群，鼓励成员间的经验分享和互助

例2

表4-4 律师知识内容创作策略表

我的职业	律师
我的知识内容 （中心主题）	知识产权法（专利、商标、版权）入门与实战解析
我的目标人群画像 （节选）	二十五至四十岁 初创企业创始人及团队成员
他们能获得的好处 （节选）	规避法律风险，保护公司核心竞争力 提升企业市场地位，促进技术创新和品牌建设 遇到侵权行为时有效维权，减少损失，维护自身权益

续表

我的职业	律师
他们会错过的遗憾（节选）	可能在无意中侵犯他人权利，面临诉讼和赔偿 不懂得知识产权布局，可能会错失巩固市场地位的机会 可能在申请专利、注册商标等过程中走弯路，花冤枉钱
我能做什么（节选）	读者思考
我该怎么做（节选）	读者思考

此时，根据细分的原则，思考你的"中心主题"是讲解知识，还是介绍经验？"为什么"这个板块都有哪些人会观看或阅读？这些人看了我的作品，能获得哪些价值？"做什么"板块，充分考虑为了让他们获得这些价值，我能做些什么？是现场多开公益工作坊，线上新媒体平台发布视频，还是开直播卖课的同时送福利？而"怎么去做"板块着手于应对我该如何去落实上述想法。如工作坊的流程和内容怎么安排？各平台的视频文案怎么写，有没有好的软件能让画面和解说、文字匹配得更好？通过哪些动作能获得更多流量？直播的脚本如何安排？卖引流课还是标准课？福利送我多年的心得笔记，还是我电脑里几百个 G 的电子书？

3. 整合小板块——下锅翻炒

当所有食材准备就绪，各道菜就可以开始下锅了。根据菜品

的特点，适时加入不同的食材，调整火候，不断翻炒，使之相互
融合。构建知识体系时，将整理好的知识根据你的框架填充进去，
使不同知识点之间相互关联、交叉验证，形成一个一个的有机整
体。就像猪肉、蒜苗、郫县豆瓣、豆豉虽然各自独立，但他们都
指向回锅肉这道菜，而回锅肉、麻婆豆腐和糖醋排骨又都指向今
晚的家宴一样。经过细分小板块以后，你已经获得了大量的信息
细节，现在你需要将获取的信息进行归纳、总结、整合，这样受
众才会明确看出你的指向。试想，如果在糖醋排骨里发现了蒜苗，
在萝卜汤里出现了辣椒面和大蒜，食客会不会一头雾水？所以，
整合知识小板块才能让目标人群清楚你的思维脉络，让知识变得
易于消化吸收。

为了印证这个观点，我们先来做个小测试：

五秒内，你能记住下列几种食物？

玉米、冰淇淋、胡萝卜、甜甜圈、樱桃、茄子、芒果、西瓜、
蛋糕。

似乎有一些难度。为什么呢？

因为要在短短五秒内记住九个无明显关联性的食物，人的记
忆很可能遭遇信息超载、缺乏有效组织策略以及注意力分配等多
重挑战。只有通过寻找内在联系、采用正确的记忆技巧，才能提
高记忆效率。

这时，如果我们采用便于将信息分组处理的块状思维，就能在提高效率的同时，解决记忆与理解中的深层次问题。

图 4-5　块状思维示意图

如图所示，在有了"蔬菜""水果""甜食"这三大板块的情况下，尽管五秒记住全部九种食物可能依然困难，但概率却较之前大大提高了。

还记得我们在"细分小板块"里对于目标人群进入保险行业能够获得的好处，或不加入公司可能产生的遗憾的吗？原案例中，学员集合众人的智慧，洋洋洒洒地写了上百条理由。但都主要集中在高额提成、全面福利、专业培训、职业晋升、时间灵活、兴趣变现、人脉资源利用、个人品牌建设、行业交流机会、国际旅游奖励、成就感、终身学习、团队合作氛围、技术工具支持、市场潜力大这些方面。

我们用块状思维整合为图 4-6。

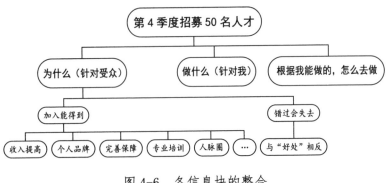

图 4-6　各信息块的整合

同理，"我能怎么做"板块里出现的保险避坑、安排专业 HR 接待、培训环节、微信朋友圈、模拟拜访客户、抽奖、微博、问答互动、体验日常工作、个性化职业规划、保险工作介绍、公司文化等零散的信息点，也需要分类整合为信息块。

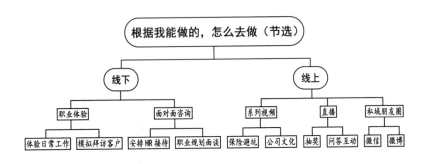

图 4-7　各信息块的拆分

如图 4-7 所示，架构按照"以上统下"的思路总共分为四层，每一个上层都是下层的"中心"或"目标"。这样即使往下扩展到五级、六级甚至十级架构，都不会偏离最顶层的目标。

当我们的知识点全部经过拆解，又整合为无数的小板块时，就能使不同需求的受众即拿即用。就好比一个人向摄影师提出想学习快门和光圈的使用时，摄影师马上就能在"相机的基础操作"这一模块中调出相关知识。如果有人想了解视觉构成的三分法，摄影师又可以快速地在"构图与美学"板块中找到对应的点。而一旦提到光线的运用，摄影师脑海中马上会浮现出自然光和人造光的特性，顺光、侧光、逆光等不同光线效果，以及如何利用反光板等工具控制光线，营造氛围。

每一个细微的知识点都是精心挑选的知识元素，就像切片、切丝的食材原料。只有将这些零散的知识巧妙整合，才能烹制出一道道美味的知识佳肴。而这一道道精心烹饪的菜肴，又共同汇聚成一场丰盛的知识盛宴，满足每一位求知者的味蕾与心灵。

4. 创造新概念——菜品命名

经过个人知识的"下锅翻炒"，也就是整合小板块后，你的知识菜品终于新鲜出炉了。朋友们品尝后，不仅对这道菜赞不绝口，还向你索取这道菜的菜名，以便下次再点这道菜。如果你此时告诉他们这道菜的名字是：

"用姜、葱、蒜配合秘制酱料红烧的大猪肉丸子。"

可以想象，朋友们在听到此名后面面相觑的模样。他们无法相信如此美味可口的菜肴，却只拥有这样一个平平无奇的名字。不但记不住，对这道菜的印象也很可能大打折扣，立马就会失去继续探究这道菜的兴趣。

但如果你这样告诉大家：

"这道菜叫红烧狮子头。"

此名一出，朋友们不禁拍案叫绝。因为在中国传统文化中，圆圆的外形本身就蕴含着美好的寓意，在美学呈现上符合国人对"色香味形意"美食五要素的审美标准，而且名字十分便于记忆，有利于在各媒体平台推广，还能进一步提升知名度和受欢迎程度。

因此，当你费尽心血，用心烹调，最终呈现出的个人知识体系，务必需要一个响当当的名字，让你的知识内容产品既叫座，又被人叫好。其原因有三：

1）独一无二

独特而富有创意的名字能够让你的知识体系在众多信息中脱颖而出。它不仅将你的知识体系与他人的知识体系做出了区别，更彰显了你对知识的独特见解。"便于识别和记忆"是你思想成果的重要个性化标签，也是个人品牌的标志性元素。

2）过目不忘

一旦便于记忆，目标人群的记忆之门就能被迅速打开，你的知识体系也能快速在其脑海中占据一席之地，留下深刻印象，进而产生下一步合作，从而实现变现的可能。

3）高大上

要给人以专业和富有深度的第一印象，名字听起来一定要高端、大气、上档次，用以提升知识体系的权威性和吸引力。这除了能增强受众的信任感，还能激发其深入了解的兴趣，有助于树立你自己在特定领域的专家形象。

创立知识体系，赋予其全新的提法与名称，并在各自领域内产生重要影响的例子数不胜数。在世界范围内有"马斯洛需求层次理论"，它阐述了人类从生理需求到自我实现需求，为理解人类行为提供了系统框架。也有斯蒂芬·柯维的"高效能人士的七个习惯"，这不仅仅是一套个人管理技巧，更是一种全面的人生效能提升体系，影响了全球无数人的工作与生活方式。而在咱们国内，任正非提出的"华为狼性文化"虽然不是一个典型的学术知识体系，但其所倡导的企业文化理念，强调团队协作、竞争意识、敏锐的市场嗅觉和快速反应能力，在推动华为成为全球领先的通信设备和技术公司的过程中都发挥了重要作用。

这些例子中，每个体系、概念的名称不仅简洁明了，而且高度概括了该知识体系的核心内容，展示了命名在知识传播和接受过程中的重要性。

手脑并用

选出自己知识体系中擅长的一个点，结合目标人群，分析目标人群能从你的知识点中获得的价值，以及为实现该价值你能做些什么，再按照"以上统下"的思路，画出四个层级的知识体系架构。

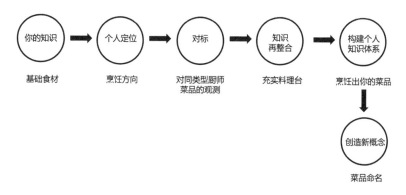

图 4-8　从个人知识到创造新概念示意图

三、创造新概念的五大方法

正如我们可以从味道（糖醋里脊）、菜品形状（宫保鸡丁）、烹饪方法（红烧肉）、烹饪过程（回锅肉）、颜色（红嘴绿鹦哥）等多个维度给菜品起名一样。知识体系的命名，也可以从核心内容、流程、结果、方法或效果等角度考虑，配合下列五大方法，会让新概念的创作变得轻松简单。

1. 中文缩写法

中文缩写法就是从知识体系或概念的关键核心中提炼关键字，再组合为简短、易于记忆的方式，具有极强的文化适应性。这种命名方式更容易被中文使用者接受和传播，最著名的莫过于我国提出的"一带一路"（丝绸之路经济带和二十一世纪海上丝绸之路）了。

我们在"起阅创能会"的《创业者的沟通与管理宝典之起点沟通》系列课程中，在谈及"如果手里没有合适的项目，还能创业吗？"这一话题时，就曾提出需要做到三个方面的沟通：一是做什么事情能够让所有合伙人都开心，值得一辈子去热爱。二是合伙人坦诚各自的情况，包括各自的经验和能力。三是讨论目标行业是否还是蓝海，值得突围。学员们对内容十分认可，但却记不住。于是，我们就在这三点中各取了一个字，将其命名为——

"爱情海"沟通法

此名一出，学员们立刻就将这三个要点铭记于心了。

2. 英文缩写法

英文缩写法一般采用体系、单位、名称或概念的各单词首字母组成，在信息爆炸时代，越简短的名称越容易被人们记住，更便于全球范围内的传播与交流以及品牌构建。如 VI（品牌视觉识别系统）、AI（Artificial Intelligence，人工智能）。英文缩写不仅易于商标注册，还能为后续的设计、市场推广等提供基础，有利于知识体系或品牌的长期发展和形象塑造。

在培训行业中，这类方法的使用不胜枚举。如涉及质量管理体系的 PDCA 循环，KOLB 库伯学习循环，AIDO 学员状态管理阶梯，等等。

要创建一个既具有辨识度又便于记忆的英文缩写，同时适用于课程建构的方法，我们可以尝试如下的方案：

我们一直致力于为广大知识内容创作者的知识变现提供帮助。在为演讲教练的培训中，我们就曾经提出过——

TED 课程建构法

T 指 Topic，代表课程开始时需要与学员明确讨论的核心主题；E 代表 Evidence，是用于呈现并支持主题案例和相关研究的；D 则指 Debate。在此环节，学员可以通过辩论，让讨论继续深化，加强理解，鼓励彼此间的互动。

之所以创造出"TED"这个缩写，是因为在座学员都是演讲老师，这个名字一眼就能让他们联想到知名的 TED 演讲，认知度很高，同时也很好地概括了一个有效课程建构的全部要素。所以，大家对于该概念的接受度非常高，对于该架构的三个环节掌握得也很熟练。

3. 数字命名法

数字命名法是将复杂的信息、流程或原则简化为一组数字，每个数字代表一个关键点或步骤，让人一目了然，便于理解和记忆。同时让每个数字背后的含义还能给予具体操作指南，鼓励受众立即采取行动。

比如，基于数字命名逻辑，你可以为销售行业设计一个吸引客户的方法，叫做"72189 揽客密令"，里面的数字分别代表：

7：在首次接触的 7 分钟内建立良好第一印象

2：给出 2 个以上客户的成功案例以增强信任

1：根据客户痛点，明确给出一个核心卖点

8：跟进至少 8 次

（根据实际情况调整次数，保持适度联系）

9：照上述方法实施，则有 9 成的成交概率

4. 数字 + 字母命名法

在当代培训中，有一种新型的培训和管理方式因其可解决企业在日常生产活动中的降本增效、企业文化建设、团队赋能和人才储备发展等一系列实际问题而广受欢迎。这种能够让一个团队在解决实际问题中边干边学的组织发展技术及流程叫做行动学习。

考虑到新媒体行业发展快速、方式方法多样灵活及用户实际

需求等特点，同时也为了在给客户介绍时更直观、更具有针对性，我们也为自己的培训体系构想了一个

"521C1 新媒体加速器"培训体系

该体系中的数字和字母分别代表：

（1）5 天搭建基础

针对新媒体入门，通过五天的高强度基础课程，快速搭建起对新媒体生态、各平台规则及基本操作的全面理解框架。

（2）2 周实操演练

学员在两周内进行内容创作、编辑排版、用户互动等实操练习，快速掌握技能和方法。

（3）1 个月项目跟进

安排一个月的陪跑期，中途定期安排工作坊或在线辅导，针对实际应用中遇到的问题，为学员答疑解惑，确保所学内容用得上，用得好。

（4）C 循环反馈

这里的"C"代表 Continuous（持续）。在整个培训周期内，导师的评估与反馈和学员的自我反思与评价，始终贯穿其中，目的在于督促学员持续改进，并实现个人成长。

（5）1 日总复盘

组织一天的总体复盘会。总结、评估整个培训项目，兑现奖励，巩固学习成果，激励学员始终站在新媒体应用的前沿，为个人未来职业发展积蓄力量。

在阐述培训的各环节及其内容时，这样的命名体系不仅简洁明了，而且通过数字和字母的结合，直观反映了企业新媒体品牌塑造培训的结构化流程和实战导向，方便记忆，非常具有吸引力。

5. 效果命名法

"啊哈"（Aha）是一个英语语气词，有感叹、惊讶、惊喜、恍然大悟等意味。而"啊哈！测试"（又名"惊喜时刻"测验），是产品开发和市场营销中的一个概念，其用途在于识别用户在首次感受到产品价值、产生强烈共鸣或认知转变的那一瞬间，可能会情不自禁地发出的"啊哈"声。就像在情人节当天，你故意装出一番漫不经心，对于节日跟另一半的祝福闭口不谈，女友或妻子在期待和不满中纠结了一整天。本以为你已经忘记了这一特殊的时刻，结果在跨进家门的那一刻，看到满屋的玫瑰、气球和精心准备的礼物时，情不自禁地"哇"的一声，而这一声，就能充分说明产品呈现给客户的价值和效果了。

根据不同的行业，你能为自己的知识体系或正在从事的工作这么起名：

在"啊哈"的基础上，你可以微创新一个"哇哦效应"（Wow）；

如果你致力于帮助客户创新，可以用"灵光一闪"知识论的提法；

你擅长教学，"恍然大悟"教学法会是一个不错的选择；

做冥想的老师，不妨试试"静谧之森"，寓意跟你一起冥想的学员，想象自己置身于宁静的森林，达到身心放松的效果；

专注于烹饪的，能够用"味蕾绽放"来唤起大家的食欲；

旨在帮人制定生涯规划和个人发展策略的，则可以用"梦想成真"来命名自己的体系。

回到我们在保险公司做过的案例，参训各组在自身知识体系特点的基础上取了很多高大上的名字，有两个组的命名给人留下了深刻的印象。

数字法命名	数字 + 字母法命名	
5083 蜕变计划	5S 高招体系	
释义	释义	
	Share	善于分享的团队
50 位优秀新增员	Super	顶级的团队
8 周专业培训，加速成长	Sweet	甜蜜温馨的团队
3 阶段晋升，完美蜕变	Smart	智慧的团队
	Successful	成功的团队

手脑并用

试着用5种方法给自己的知识体系起个名字。

中文缩写法	
英文缩写法	
数字命名法	
数字＋字母命名法	
效果命名法	

本章总结

本章阐述了搭建个人知识体系的必要性与实践路径，为读者开启了一扇通往高效学习与创造力提升的大门，强调了一个有序且结构化的知识体系是突破学习瓶颈、深化理解、提升记忆与应用能力的关键。重点知识如下：

个人知识体系的重要性、定义及两个方向

针对目标人群设置"好处"和"遗憾"

WWH 结构的设计

构建个人知识体系四大步骤

块状思维和以上统下的原则

为个人知识体系创造新概念的五个方法

总之，本章不仅是对个人知识管理策略的深度剖析，更是一次激发学习潜能、推动自我成长的启发之旅，旨在引导每位求知者成为自己知识海洋的领航者。

第 五 章

如何通过表达实现"有出产"

什么叫"有出产"

在我们进行知识整合后，经过精心烹饪，你的个人知识体系如同一道思想的盛宴终于新鲜出炉了。这意味着，你再也不是那个"无米的巧妇"或开发不出一道菜的"空白厨师"了，也意味着你"无所能"阶段的终结。在"无所能"阶段，你明知自己有知识，但却无力将其提炼出来。现在，在我们所提供的方法加持之下，并且经过自己的努力，你终于跳出了这个阶段，成为了自己知识产品的"掌勺人"。

接下来，你得把这桌精心准备的大餐端出来，呈现在公众视野中，让它帮你卖个好价钱。这标志你将正式迈入个人知识体系为你创收的"有出产"阶段。

"有出产"，也叫"有产出"，这不仅意味着知识转化为经济效益的能力，也代表着你对受众的影响力。我们常常告诉学员的一句话就是"只要你发声，就一定会发生"。你是自己知识产出的第一责任人，同时也是第一宣传人和推广人。为什么同样的知识内容，有的人产出的课程能卖到几十万、上百万元，而有的人只能卖到几百元？在这个过程中，无论你的思想多么深刻、创意多么独特，一旦缺乏强有力的表达，都难以被人发现。优秀的表达能力是对你知识内容产出的第一次包装，能使其更加精美，更吸引人，让受众易于理解且记忆深刻。对于知识内容创造者而言，磨炼这项技能，意味着能够打破界限，与更广泛的受众建立连接。因此，不断提升语言表达，不仅是自我提升的必经之路，更是通往成功变现的关键桥梁。现在请试着审视自己是否具备以下技能：

清晰的知识框架

在本书第四章《如何解决知识提炼能力的"无所能"？——构建自己的知识体系》中，我们已经为大家详细介绍了如何构建内容逻辑清晰、层次分明的知识体系框架。将这些思维脉络用脑图的形式画下来，有空就多看看，并且试着阐述一下。这不仅能确保自己思路的连贯，也能让听众更容易跟随你的思路，吸收信息。

优秀的沟通技巧

在公开演讲或录制视频时，是否能始终保持自信，克服自己的紧张情绪，同时还能通过眼神交流、肢体语言、道具等方式增强表达的感染力。训练自己在冷场、被打断或遭遇质疑时仍能保持冷静，用平和而有力的方式回应，展现个人的专业与从容。

做提升表达能力的有心人

台上一分钟，台下十年功。反复练习你的演讲稿或演示内容，直至可以流畅、自然地表达，从刚开始的备稿演讲逐步过渡到即兴演讲。避免过多的口头禅，如"嗯""啊"，让语言更加精炼有力。

表达能力并非一蹴而就，而是需要不断的学习和实践。除了自我练习，还需要参加与提升表达能力相关的各类培训，加入能现场实践的社群，如读书会、演讲俱乐部等，不断提升表达能力，学习表达技巧。

运用多媒体辅助工具的能力

为了让复杂的概念直观易懂，同时吸引听众注意力，加深记忆点，建议制作 PPT、图表、视频等，并且在演讲和演示过程中将其作为视觉辅助工具，加入到自己的表达当中。

能做到并做好上述四点，你的知识体系产出能力就越强。

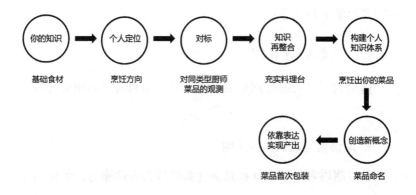

图 5-1　从个人知识到依靠表达，实现产生示意图

为什么要通过表达来解决"有出产"

因为知识本身是静态的资源，而要想把这些资源激活、转化并进行传播，有效的表达是其中最关键的过程之一。那有人就会问："我特别能说会道，流畅的表达完全不在话下。"还有人会说："我是培训师，擅长传道授业解惑。"如果你具备上述两项技能是不是就能通过表达来彻底解决"有出产"的问题了呢？我们需要厘清下列概念：

一、三类人群的区别

这里的三类人群分别是演讲者、培训师和新媒体知识价值表达者。

1. 演讲者与培训师的区别

虽然演讲者与培训师都具备优秀的口头表达能力，但他们在目的、互动和技能上存在显著差异：

（1）目的

演讲的目的，是在最短的时间内向听众传递演讲者自己的价值。其主要目的是激励、启发、说服听众，直至唤起听众行动。

传统的培训师专注于传授知识和技能，而新时期的培训师在此基础上还会关注学员的学习态度和接受培训后习惯的养成。培训的目标更加明确，侧重于提高学员参训后的综合应用能力，同时把受训后的绩效提升放在重要的位置上。

（2）互动

受限于舞台的呈现形式和时间限制，演讲者与听众的互动相对有限，信息往往采用一对多的单向传输，完全靠演讲者的个人魅力和影响力来吸引并维持听众的注意力。

而培训师则完全不同，培训师的互动信息往往采用一对多的双向传输。不仅要通过游戏、问答、分组讨论、角色扮演、即时反馈等一系列活动与学员互动，还需要让这些互动产生课堂上的短期，以及课后长期的学习效果，帮助学员实现知识的内化和技能的形成。

（3）技能侧重点

演讲者更强调由口才、技巧以及表现力所组成的舞台综合实力，同时还特别注重如何通过非言语方式触动听众情感的能力。

培训师不仅要表达能力优秀、理论知识丰富、善于评估和反馈，更重要的是要精于课程和教学的设计。

表 5-1　不同等级培训师表达能力和课程设计能力占比示意图

等级＼占比	表达能力	课程、教学设计能力
初级培训师	75%	25%
中级培训师	50%	50%
高级培训师	25%	75%

综合而言，演讲者和培训师都擅长表达，但会讲的，不一定会教。而会教的，一定会讲。

2. 培训师和新媒体知识价值表达者的区别

"新媒体知识价值表达者"是我们在本书中基于"知识内容创作者"提出的一个概念。前者完全可以视为后者的升级版本。新媒体知识价值表达者不仅能创造有价值的知识内容，更重要的是，其表达形式已经完全突破了传统意义上的面对面口头表达。其拥有众多的表达渠道和表达工具，不仅能够在传统的线下模式完全承担起和培训师一样的职能，同时还能利用新媒体时代的不同平台充分表达并传播自己的知识。在各平台上，由于其长期与受众互动，并接受受众的反馈，因此满足受众需求的知识内容更新速度极快，迫使知识价值表达者需实现在新媒体平台上极快地提升个人品牌影响力。他们还擅长运用视频、直播、图文、社群等多种方式，将复杂的知识内容包装得既吸引眼球又易于消化吸收。在以粉丝为代表的受众群体的需求下，鼓励并指导受众将学到的知识应用于实际，从而使个人技能提升的内驱力更加强劲。

相比之下，培训师的授课场景，更集中于个人及企业培训的线下教室或线上会议室中，习惯通过系统的课程设计、面对面的教学互动来传授专业知识和技能。他们较少涉及新媒体的即时互动和个性化推广策略，他们对个人品牌的塑造更多地依靠老客户的口口相传，或较小范围内的社群传播，网络影响力的扩展暂时还没有成为其主攻方向，因此"表达"渠道及方法较新媒体知识价值表达者更少。

总结来说，新媒体知识价值表达者与培训师的主要区别在于，双方都擅长知识体系的设计和表达。但前者对于新媒体各平台等表达渠道使用更广泛，对短视频、直播等表达工具的应用更熟练，对于利用新媒体对个人品牌塑造的意识更强，更有方法。

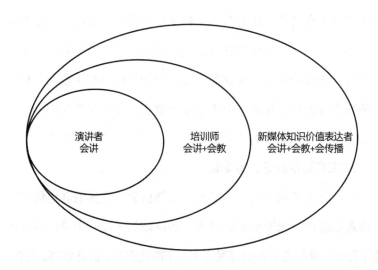

图 5-2　演讲者、培训师、新媒体知识价值表达者关系示意图

二、规避五类方式，形成知识表达闭环

作为"表达"的集大成者，优秀的新媒体知识价值表达者务必规避下列五种不尽如人意的表达方式。

1. 忽视受众需求

切忌仅凭一己之见滔滔不绝，而忽略了受众的真实需求与兴趣。我们经常讲"方向对了，路就不怕远"。如果不做调查就开始自说自话，会导致我们的知识内容与受众需求背道而驰，从而陷入越努力，离目标越远的窘境。

2. 吸引有余，深度不足

很多时候，在精准掌握了目标人群的需求后，很多知识价值表达者在兴奋之余，认定自己掌握了制胜的不二法门。无论是在线上还是线下，虽然他们熟练地运用游戏、活动、视频、文案等一系列方法成功吸引了受众的目光。但却终因错把手段当目标，不精心准备内容，导致知识讲解浅尝辄止，缺乏深度与内涵。虽然也能赢得一时喝彩，却无法在受众心中留下深刻的烙印。

3. 工具运用匮乏，效率低下

我们尊重辛勤付出者，但我们始终认为，优秀的新媒体知识传播者不应该一味埋头辛勤付出，而应该抬头做一个善用技术的能工巧匠，懂得借助各类辅助工具，来简化流程，提升效率。例如，想在私域晒出一张引人入胜的推广海报，不妨试试"Canva 可画"这类专业的海报制作工具。想尽快录制视频，但总背不下文案稿，就可以使用提词器。这样，你就能使内容创作与传播的效率事半

功倍，而不是在繁琐的手工劳动中消耗宝贵的时间与精力。

4. 讲解层次不清晰

讲解内容混沌不清，让听众处在似懂非懂的尴尬境地。本质上，这样的交流是无效的。能够让受众一探到底，清晰明了，才是好的知识传递。

5. 学而难用，实践断层

"学"是手段，"用"才是目的。即使台上的知识价值表达者再怎么魅力四射，言辞犀利，台下的受众听得再津津有味，但如果所学知识不能转化为实际操作能力，也就失去了教育的本质。毕竟，在互联网时代，知识在哪儿都能查到。受众想知道的是如何使用这些知识，寻求的是超越书本的实践智慧和学以致用的直接成效。

一位成功的"新媒体知识价值表达者"是新时代真正的"全能战士"。他们既是需求的洞察者、内容的深耕者、技术的高效利用者、清晰的传达者，同时也是实践的引导者。通过与受众一同实践，再次验证需求的正确性，将知识价值的表达形成体系，不断循环前进。从说服受众，到征服受众，最终实现受众对你的信服。

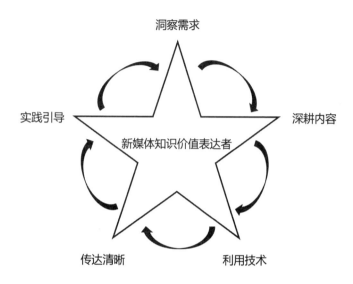

图 5-3 新媒体知识价值表达者应该具备全面的能力

如何通过表达实现"有出产"

　　尽管提词器、剪辑器等辅助工具极大便利了我们的表达手段，完全能做到在没有任何准备的前提条件下，稍加演绎，就能在屏幕前滔滔不绝，口若悬河。然而，作为新媒体知识价值表达者，在即使拥有科技手段加持的情况下，有一个核心要素也不容我们忽视——那就是扎实的表达功底，它不仅体现在语言组织的流畅精准程度上，更是传递思想深度与情感温度的重要载体。

　　正如能够驾驶全自动飞行客机的飞行员，也必须会驾驶普通的小飞机。大酒店组织满汉全席的厨师长，也必定会炒蛋炒饭。而顶尖医院主刀复杂心脏手术的外科医生，肯定也精通基本的伤口缝合。在这个注意力稀缺的时代，个人品牌很大程度都是建立在独特且有吸引力的表达之上的。在嘈杂的信息海洋里，你需要用你自己的声音穿透人群，让观众在众多选择中发现你，记住你，最终跟随你的思考前行。因此，提升自身的表达能力，不仅是技能的提升，更是塑造个人品牌的核心竞争力。

一、掌握三种表达结构

人的表达，就如同一栋大楼，而表达的结构，就像是大楼的墙和柱，既能够承载思想的重量，又能为听众指引思路的方向。善用表达结构，不仅能迅速吸引听众的注意力，还能让听众在思维殿堂里顺利推进而不迷路。此外，合理的表达结构还能帮助表达者更好地组织思路，克服紧张，确保价值信息的高效和有序传达。所以，掌握好表达结构，是展现知识价值表达者内在魅力的关键因素。

1. SCQA 结构

大家都知道，人都不喜欢听道理，而喜欢听故事。要想把故事讲得好，完全可以采用一种高效的讲述方法，即 SCQA 结构。这种结构可以广泛应用于演讲、写作、报告、营销等多个领域，四个字母分别代表下列含义：

（1）S（情境）

故事的开头，用于描写背景和环境，也包括时间、地点、人物以及任何相关的情况。其目的在于能够立刻引起受众的兴趣。这部分在描写或讲解时可以细致，让人产生身临其境的感觉。例如：

"二〇〇九年，在中元节那个燥热难耐的夜晚。"

"当时我还是个流着鼻涕的六岁小孩。在十二月一个阴冷的中午，我突然听到家里的碗柜发出'砰'的一声巨响……"

(2) C（冲突）

故事最吸引人的地方就在于冲突的引入。冲突是故事的核心驱动力，能够打破开场的平衡，也能够带来新的问题、挑战或矛盾，将受众的注意力牢牢抓住，对接下来主人公将如何面对新情况充满期待。例如：

"然而，就在她要冲线的那一刻，跑鞋鞋带突然松动，导致她左脚一崴，倒地不起，让前期所有的付出都面临着前功尽弃的可能。"

"他把手往包里一探，发现存有关键文档的 U 盘，竟然在这么重要的会议开始前消失得无影无踪，眼看会议还有五分钟就开始了，董事长马上就要步入会场，这可怎么办？"

(3) Q（疑问）

当人在遇到冲突和挑战以后，都会顺其自然地提出问题，寻求解决之道。"为什么""如何是好""怎么办"等语句立马就会挂在嘴边。所以，疑问往往是紧跟着冲突而来的，这样做的好处是，引导受众思考，在不知不觉中和讲述者形成互动。例如：

"为什么在获得了丰收以后，村民们还闷闷不乐，吵着嚷着要离开这个村子呢？"

"他费了九牛二虎之力才拿到传说中的信封，拆开一看居然

是一封一个字都没有的无字天书，这到底是哪个环节出了问题？"

（4）A（答案）

A是对前文中提出的疑问和冲突给出的答案，也是故事的高潮部分。因为在前两个部分后，听众的吸引力已经被牢牢抓住，同时又会满怀期待地想："最后会怎么解决呢？""结果是不是和我想的一样呢？"因此，在此部分，讲述者给出的答案必须要有清晰的逻辑和足够的说服力来满足听众的期待。

"于是，士兵们下定决心，为了城里的老百姓，绝不屈服，把剩余的武器弹药全部集中起来，抱定信念，准备和敌人来一场鱼死网破的较量……"

"令人意外的是，经过一晚上焦急的等待，容器里的液体居然发出了一阵阵耀眼的绿光，这说明他们的辛苦没有白费，实验成功了！"

SCQA结构在总体上，不仅能够快速吸引受众，还能使故事内容的传递更加流畅，加之与受众在思想上的互动很深。因此，是一种引人入胜的讲述方法。下面是一个用SCQA结构完成的完整故事。

（1）S（情境）

M今年四十三岁，是一位执教经验超过二十年的英语教师。十五年前他在T地开办了自己的培训学校。经过不懈的努力，终于使自己的学校在当地享有了盛誉，他也成了当地的教育明星，备受家长信赖和学员爱戴。然而，随着互联网教育的兴起所带来的强烈冲击，加之包括政策在内的各种原因。去年，M 不得不无奈关闭了自己倾注多年心血的学校。面对挑战，他没有退缩，坚信自己能够亲手关上一扇门，就一定能够重新为自己开一扇窗。他决定重新创业，到线上去教英语。

（2）C（冲突）

然而，作为一名在线下教了二十年英语的老师，M 发现自己对网上的一切几乎一无所知：视频录制时如何保证音质清晰，视频剪辑工具怎么用，如何吸引到自己的第一批粉丝，应该选择哪个平台发布，微课时长多久合适，每一个技术难题都像是压在他胸口的巨石。同时，家人认为他是不务正业，应该去线下机构重操旧业，因为这样更稳妥，而且立马就会有收入。朋友说："你这个年龄段还想学年轻人玩转网络，简直是异想天开！"这些刺耳的语言不绝于耳，让他造成一股莫名的压力。

（3）Q（疑问）

但即使在这样的困境中，M 心中的那团火依然没有熄灭，因为他坚信自己的教学方法和经验在线上也一定会有市场。所以，他没有屈服于各方的压力和质疑。在夜深人静时，他不止一遍地问自己："我该如何跨越技术这道鸿沟？怎样去说服家人，寻求他们的理解和支持？"

（4）A（答案）

凭借着对教育的热爱和个人不屈不挠的精神，M从零开始学习新媒体，开启了自我重塑之旅。从各平台的研究，到视频拍摄手法，从对标对象的拆解，到账号的运营，他都潜心研究。有时为了做出让自己满意的剪辑，长期盯着屏幕，把眼睛熬得通红。有的时候回复网友的问题一直到深夜，以至于在沙发上睡着了都不自知。可以说，他的每一个作品，每一帧画面，每一段音频，都凝结了他无数的智慧和汗水。同时，他还加入线上教育行业互助社区，与一群同样怀揣线上教育梦想的同行相互扶持，分享心得，逐渐掌握了线上教育的精髓。为了获得家人的支持，他一边耐心解释在线教育的前景及自己未来的规划，一边邀请他们作为自己的第一批试听课学员，让他们感受线上课程的优势，同时也给自己提出反馈。

五个月说长不长，说短不短，但每一天都是成长的见证。M靠自己精心打造出的一套既有趣又高效的英语课程体系，瞬间吸引了大量关注。学生和家长一传十，十传百，让他和他的课程迅速走红。

最终，M靠着不屈的毅力战胜了所有挑战，还凭借着过硬的专业素养和创新的教学方式，在网络教育板块声名鹊起，实现了二次创业的成功，名气甚至远远大于当年上线下课的时候。

"有志不在年高"，M的故事告诉我们，内心远大的目标与年龄没有必然联系，无论岁月如何更迭，只要勇于接受挑战，秉承终生学习的念头，总有一天能让自己的使命从萌发到达成。

这个故事共计一千一百多字，按两百字每分钟的讲述速度，加入情感的投入和手势、动作的演绎，就是一个五至七分钟的标准演讲。

总之，SCQA 结构所隐藏的核心是主人公的觉醒之路，也是寻梦之旅。跟随着"目标启蒙—目标锁定—目标导航—目标实现"这四个步骤，主人公的人生和事业一步步向上，最终到达了梦想的彼岸。尽管其逻辑性强并且故事性佳，其核心要表述的还是在于主人公为实现目标而为之奋斗的勇气和毅力。

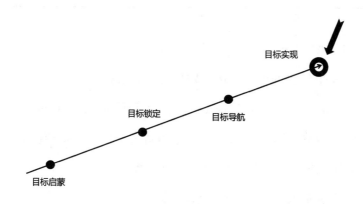

图 5-4　SCQA 结构背后体现的是坚定的目标感和
实现目标的坚强意志

手脑并用

使用下表，完成一个发生在自己身上的小故事的提纲，最好跟自己的专业知识领域相关。

S（情境）	
C（冲突）	
Q（疑问）	
A（答案）	

2. PREP 结构

PREP 结构的四个字母分别代表：提出观点（Point）、给出理由（Reason）、举例论证（Example）和重申观点（Point）。是一种非常高效的表达框架，具有逻辑清晰、便于准备与组织、适应性强、帮助听众强化记忆等一系列优势。下面是示例。

（1）引入

上周，我怀揣着商业计划书去到客户公司。在跟对方赵总寒暄过后，我径直打开文件，开始准备直奔主题。谁知赵总笑盈盈地对我说："小张，先不着急。我想了解一下，你们为什么会想到这种产品和商业模式？能讲讲你们团队的故事吗？"我当时愣在原地，一时语塞。尽管我们合伙人一起拼搏，经历了无数的风雨，但让我临时来这么一出，我可是一点思想准备都没有，当时气氛别提多尴尬了。所以，今天我想和大家探讨一个在我们团队建设中常常被忽视，但却至关重要的元素——为什么我们的团队需要一个会讲故事的人？

（2）P（提出观点）

我的观点是：在快速变化、竞争激烈的现代工作环境中，一个擅长讲故事的成员，对团队具有不可估量的价值。他不仅能提升团队外部影响力，从而推动团队向着共同的目标更快、更稳地前进，还能增强内部凝聚力。

（3）R1（给出理由1）

一方面，外部交流上，故事是品牌传播的利器。在产品介绍或与客户沟通时，一旦我们通过故事包装信息，客户接收到的就不再是一排排冰冷的功能或配置列表，而是我们的起心动念，是一个个鲜活的应用场景。它能展示一个个真真切切的故事，这些故事里有你，有我，当然也有客户。通过用户的故事展现产品如何改变生活，才真正做到了把价值传递给用户，从而深入人心，建立起强大的品牌忠诚度。

（4）E1（举例论证1）

H公司就是一个极佳的例子。据我所知，他们公司内部构思了"H故事"系列：在内部宣讲公司、团队的愿景和价值观。他们公司每天的早会重头戏就是对上述事项进行反复讲述。这些故事不仅增强了内部员工的归属感和使命感，还确保每个员工一旦走出公司，都能向外界准确无误地传达 H 公司的企业理念，大大有利于品牌形象的提升。

（5）R2（给出理由2）

另一方面，在内部沟通中，故事是情感的桥梁。它能够帮助成员之间建立深层次的情感连接，让团队文化再也不是那句冷冰冰的"今晚加班"，而是有温度、有灵魂的共同记忆。

（6）E2（举例论证2）

还是 H 公司，他们每周四上午专门有一个读书会，在会上，成员不仅可以学习最新的知识，更重要的是，他们还鼓励员工分享个人在 H 公司的成长故事，让成员不由自主地和团队融为一体，在春风化雨中就完成了员工心理建设。

（7）P（重申观点）

因此，我认为：我们应该群策群力，讨论出切实有效的方法和机制，让整个团队，也包括我们合伙人中的每一个人，都能讲故事，都会讲故事，都会讲好故事。从而，向外界生动地描绘我们的品牌形象，同时强化团队内部的凝聚力。这样，我们才能不仅技术领先，还能实现故事和品牌领先。

上述示例共九百八十余字，可以看出，这是一个团队会议上的个人意见表达，五至七分钟就能清晰地传达信息，不会占用太多的会议时间，同时又能准确有力地表达自己的意见。

除了团队会议以外，PREP 结构还可用于学术报告与论文答辩、商务演示、教育培训和职场汇报。其能够以其逻辑性强、易于记忆和说服力显著的特点，成为众多公众表达场合的优选结构框架。能更有效地帮助表达者传达信息，影响和说服听众。

手脑并用

使用下表，拟出一个能阐述自己专业知识的小提纲。

P（提出观点）	
R（给出理由）	
E（举例论证）	
P（重申观点）	

3. "√"结构

（1）"√"结构概述

"√"结构有点类似于简化版的"英雄之旅"，实际上是在讨论一个充满戏剧性和鼓舞人心的叙事框架。主要由四个部分组成，分别是："风和日丽""晴天霹雳""洪荒之力"和"晴空万里"，用来讲述个人奋斗、团队合作或组织变革的故事，尤其是在遭遇低谷时永不放弃的拼搏精神，非常适合于在公众演讲中激励人心的部分。四个部分如下：

①风和日丽

故事刚开始时，主人公所处环境相对舒适、稳定。此阶段可以是"少年得志"，也可以是"春风得意"，用以描述主人公前期的高起点，为后期发生的变故做铺垫。

②晴天霹雳

突如其来的重大变故使得主人公遭遇重大挫折或困境，可能是失败、失去或逆境等。总之，这场变故是整个故事的转折点，它打破了之前的平静，预示着巨大的危机，同时也考验着主人公的决心和毅力。

③洪荒之力

主人公从突遭变故时的震惊、失落、不安中稳住阵脚。面对困境，积极思索，勇于应对，不抛弃不放弃，深挖自身潜力，对困局奋起反抗。该阶段突出强调主人公的身心成长，也可能存在包括来自他人的支持与鼓励，帮助其攻克难关，实现个人的蜕变和形势的逆转。

④晴空万里

主人公通过一路披荆斩棘，最终获得了胜利，达到了自身从未企及的全新高度，就连天空也为之放晴。整个故事以大团圆结束，向受众传递出积极向上的正能量。

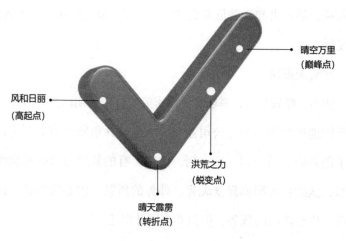

图 5-5　"√"结构示意图

　　"√"结构的优势在于讲述者与受众之间能产生共鸣、激励人心的作用明显，不仅方便讲述者的语言组织，也能紧紧抓住听众的注意力，使其轻松理解故事发展路径。无论是励志演讲、团队动员、品牌宣传、个人分享都能套用这一结构，讲述一个引人入胜的故事。

　　（2）"√"结构讲述示例

　　①风和日丽

　　在硅谷的早春，阳光正好，微风不燥。年轻的史蒂夫·乔布斯与史蒂夫·沃兹尼亚克，在自家车库里，怀揣着对科技的无限热忱，创立了苹果电脑公司。那时的他们，满腔热血，梦想着用个人电脑改变世界，仿佛整个宇宙都在为他们铺展出一条通往未来的光明大道。尽管在公司初创时期面临一系列问题，但得益于乔布斯的领导力和沃兹尼亚克的技术才华，公司迅速稳住了阵脚，并发展壮大。

②晴天霹雳

然而，好景不长，一场晴天霹雳般的打击不期而至。1985年，由于管理理念的冲突与公司业绩的下滑，乔布斯被迫离开了自己一手创办的苹果公司。这一刻，仿佛所有的梦想与荣耀都化作了泡影，他的世界瞬间黯淡无光。外界的质疑、内心的挣扎，让乔布斯面临着情绪的低谷，但他并未因此沉沦。

③洪荒之力

在接下来的几年里，乔布斯开启了他人生中的"洪荒之力"。他创立了NeXT计算机公司和皮克斯动画工作室。前者虽然在商业收入上未达预期，但后者却在数字动画领域创造了奇迹，推出《玩具总动员》等多部轰动全球的动画电影，为乔布斯赢得了巨大的声誉。这段时间，他不断学习，持续创新，更是深刻反思了自己在苹果公司时期的管理方式，获取了宝贵的经验与智慧。

④晴空万里

终于，命运的轮回带来了转机。1996年，苹果公司收购了NeXT，乔布斯借此契机重返苹果，开启了他职业生涯的第二次辉煌。他带领团队推出了iMac、iPod、iPhone等一系列革命性产品，不仅挽救了濒临破产的苹果，更是将它推向了科技巨头的顶峰。天空再次变得晴空万里，乔布斯不仅证明了自己的实力，更向世界展示了何谓真正的创新与坚持。

乔布斯从公司初创时的美好憧憬，到遭遇挫折时的沉重打击，再到凭借不懈努力与创新思维的逆袭，最终达到个人与企业的新高度，用一生诠释了什么是真正的"永不放弃"，以及在逆境中如何依靠自己的力量和团队的支持，重新定义成功。他的经历激励着后来者，鼓舞着他们在面对挑战时，也要勇于追寻那片属于自己的晴空万里。

手脑并用

在下表的四个框中填写关键信息，在此基础上扩展为一个一千至两千字的故事。该故事属于你自己，将其打造为对外展示个人品牌的利器。

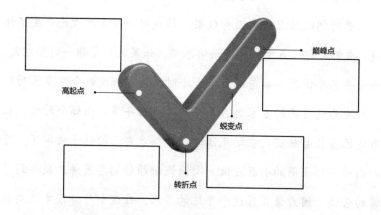

二、表达的刻意练习

一万，这个数字对于我们生活中的日常消费来讲，并不是一个特别大的数字，但是当这个数字投入到我们的学习和工作中时，它将是一个巨大的数字。我们大家都听说过一个理论，叫做一万小时理论。即如果你专注于某一个事情，把你所有的精力都投入其中，那么在一个一万小时以后，你将会成为这一领域的行家里手。一万小时理论强调了一种刻苦奋进的精神。作为一向踏实肯干的我来说，对于这个理论一直深信不疑。我相信，秉着勤劳刻苦的品质，我一定能够成为演讲方面的专家。

二〇二一年的一月，我正式进入成都演讲圈。我始终秉持着刻苦修炼的原则，每天都会拿出砖头一样厚的《世界上最伟大的演讲词》大声地朗读一个小时。同时我也会观看无数的演讲视频，在观看以后，归纳总结出演讲的内容，再用自己的话演绎出来，不断地进行修炼。然而在三个月以后，我却一次都没有在演讲圈拿到过最佳演讲，一次都没有。

长时间的练习仍然没有效果，让我对一万小时理论产生了怀疑。成都有超过五十家的演讲俱乐部，如果我从星期一到星期天，每天去各个俱乐部参与练习一个小时，大家知道我会在多长时间以后成为这方面的专家吗？答案是二十七年多。在那个时候，我肯定已经挂着拐棍儿在幼儿园的门口接我自己的孙子放学了，可以面对一群呆萌的小朋友做一次慷慨激昂的励志演讲。我感到非常的苦恼，因为像在我这个年纪的男人，在这个年龄段才找到自己一辈子的真爱，而你却发现你已没有办法得到它时，你能体会那种懊丧的感觉吗？正当我垂头丧气之际，我观看了一部影片，这部影片对我产生了极大的影响和帮助。

这部影片就是二〇一九年最佳纪录片《徒手攀岩》，它讲述的是一个叫做 Alex 的攀岩高手攀登世界上最大岩石酋长岩的故事。酋长岩高度为九百一十六米，相当于三百零五层楼那么高。Alex 作为狂热的徒手攀岩大师，他心中一直有一个梦想，就是要征服酋长岩。如果按照一万小时理论，他的最短准备时间至少在五年以上。

然而，Alex 选择了另外的一种方法，叫做刻意练习。首先，他反复研究酋长岩，创设套路。其次，获取外部和内部的反馈，及时修正动作。再者，跳出舒适圈，努力练习，在稍短一点的时间内就实现了对酋长岩的征服，大家猜猜他花了多长的时间来做准备工作呢？有可能大家会猜一年、半年。告诉大家，真实的时间是两个月，而他又花了多长时间从岩底攀登到岩顶呢？答案是三小时五十六分。通过这部电影，让我重新燃起了对演讲的信心。这让我去联想，我是不是也可以使用刻意练习的方法，不用在我退休的时候就可以擅长演讲了呢？

——节选自李智 2022 年演讲《刻意练习——拆分冠军之路》

刻意练习是一种以目标为导向，专注于提高专业技能的有计划、有意识的训练方法。它超越了常规的重复性练习，它不是单纯的时间积累，而是提升练习的质量和效率，强调针对个人技能的薄弱环节进行针对性训练。作为 2021 一年开始学习表达，2022 年获得全国冠军的李智老师来说，就是这一方法的众多受益者之一。

刻意练习的关键特征很多，诸如明确目标、保持专注度、高效的心理表征等。但在我们看来，最重要的是创建套路、内外反馈、及时修正和跳出舒适圈。

1. 创建套路

就像武侠小说中，每一个高手都有自己独步天下的武林绝学一样。作为知识价值表达者，无论是在线上还是在线下的表达中，都应该有自己独到的打法，融入自己的个人经历、见解和风格，使你的表达内容真实、有感染力，这样才能与听众建立情感链接，实现在不同的场合下都能自信且有效地表达自己。为了实现这一目标，你可以按下列建议来创建自己的表达套路：

（1）明确目的

首先确定你的表达目的是什么，是教育、启发、说服还是娱乐听众？明确目标后，再围绕中心思想构建表达框架。

（2）明确目标人群

之所以一再强调目标人群的重要性，是因为了解目标人群的特性和需求，才能帮助你更精准地将信息传达给特定人群，增加自己内容的吸引力。同时，你还能将资源优化分配，避免在非粉丝的人群上浪费额外的时间和精力。

（3）借鉴表达结构

本章中我们已经向大家介绍了"SCQA""PREP"以及"√"结构这三类表达结构。在实际应用当中，可以根据自己的表达目

的和目标人群选择相应的结构，在充分熟悉的情况下，加入自己
的灵感。下面是一些表达的结构：

时间轴结构：通过"过去—现在—未来"的模式，讲述个人、
团队或项目的变化过程。

AIDA 结构：引起注意—激发兴趣—唤起欲望—促成行动。
让人一听就感同身受，同时想当即购买或使用。特别适用于敦促
行动或营销里的现场会销环节。

黄金圈结构：强调价值观或目的，激发听众的内在动力，能
促使其从听众转变为参与者。一般具有两种模式：

①普通模式：做什么—怎么做—为什么做

能帮助发言者逻辑清楚地讲述，但听众可能对讲者的目的，
或此番发言意义了解得较为模糊。

②卓越模式：为什么做—怎么做—做完的结果

听众对于讲者的意图、为了实现意图将要采用的方法及采取
某种方法后能取得的结果或获得的成果都非常明确。

SWOT 结构：SWOT 结构是一种常用的分析工具，常用于
企业战略规划和个人发展评估中，但它同样适用于表达和沟通
策略的规划与自我反思。SWOT 分别代表 Strengths（优势）、
Weaknesses（劣势）、Opportunities（机会）和 Threats（威胁）。

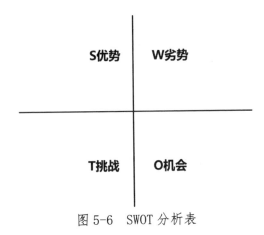

图 5-6　SWOT 分析表

表达的结构还有很多，如 STAR 结构、CAR 结构、心电图结构等。通过借鉴这些结构，你可以逐步发展出一套既符合普遍有效原则又具有个人特色的表达套路。但无论采用哪一种结构，只要能影响受众，达到目的，就是好的表达结构。

（4）善用微创新

我们强烈建议知识价值表达者在构建个人知识体系和启动在线平台账号初期，不要过分纠结于是否原创，而是采取微创新的策略。因为在初期，微创新能帮助你更快产出，更快获得市场反馈，快速积累经验。同时，对于新手来说，完全的原创是一个不小的挑战。而降低创作门槛，会极大地鼓励自己，不至于被过高的目标吓得止步不前。从而在从多个知识源头吸取灵感的同时，不断整合，逐步建立起自己的原创产品会是一个便捷的选择。

以表达为例，我们一起来看看如何微创新。

李智老师曾经做过一次旨在鼓励演讲爱好者尽快行动，快速提升自己表达能力的激励演讲，其中有这样的文字：

今天，你们来到这里，就已经迈出了改变的第一步！为了提升自己，你们摆脱了时间的不便和路途的遥远。你们战胜并消灭了一切前进道路上的敌人！

但这是不是说，我们就已经站在了成功的颁奖台上了呢？并不是！浪费时光的日子一去不复返了！起来！我已经看到你们在拿起笔写稿子了！起来！我已经看到你们在奔赴各大演讲俱乐部去霸占他们的舞台了！起来！我已经看到你们已经在勇敢地登台，大胆地讲出自己的故事了！

这段文字在当时的演讲中，配合讲者的演绎，听得观众热血沸腾，跃跃欲试，博得了满场喝彩和掌声。但这段文字是完全原创的吗？并不是。它的灵感来自下列原文：

……你们像山洪一样从亚平宁高原上迅速地猛冲下来。你们战胜并消灭了一切前进道路上的敌人。

但，这是不是说，你们再也没什么可做的了呢？人们在谈论到我们时会不会说，我们善于取得胜利，却不善于利用胜利呢？

……

……我已经看见你们在拿起武器……总之，让我们前进吧！目前我们还需要急行军，我们必须战胜残敌，我们要给自己带上桂冠，必须报复敌人给我们的侮辱！

这一段演讲灵感来源于拿破仑《在米兰的演说》，之所以选择拿破仑的演说，是因为古今中外，在激励人心方面，拿破仑都可算得上是出类拔萃者，是不折不扣的一等一的高手。站在高手的肩膀上学习，最后的结果没有十分，也有七分。

（5）好的朗读方法

我们认为高声朗读＋饱含深情＋肢体语言＝好的朗读方法。

首先，强化语音练习，尤其是通过大声朗读，是极为重要的一步。人在日常对话中如果本身音量就很低，在紧张情况下，如公众场合或是摄像镜头前，往往会加剧，导致紧张的内心被人一览无余。相反，如果在平时说话就声音洪亮，即使面对压力导致的音量减小，也能够保证沟通的连贯与自信，不至于显露出过分的紧张情绪。这就好比在腿上捆上沙袋，在沙滩上练习跑步一样，起初或许步伐沉重，一旦卸下负重，便会感受到前所未有的轻盈与速度。因此，通过日常的大声朗读练习，我们不仅增强了语音的力度与表现力，更为自己在关键时刻的稳健表达打下了坚实的基础。

其次，足够的情感投入不仅能加深朗读者对文字内容的理解，还能训练如何在口头表达时恰当地运用情感，让表达更加引人入胜,增强感染力。

与此同时,朗读要结合身体动作,与言语内容形成对应,加深记忆痕迹,能够更好地表达态度和情绪。通过有意识地加入肢体动作,可以使整体沟通更为全面、有力。

练习朗读

注意例文中的停顿、思考哪些词可以重读,并配合相应的手势和肢体语言。

一九九八年五月二十六日早上七点二十二分,珠峰之巅张开她的双臂欢迎我。第一次登上世界之巅的我血脉血脉偾张,任泪水在我冰冷的脸颊肆意流淌。多年来梦寐以求的理想终于实现,少年之时的狂热追求,原来并非愚蠢无用的白日梦。纵声喧哗中,我的理想虽被怀疑,但所幸未被淹没。下山途中,我们幸运地避开了一场雪崩,死里逃生。回望翻滚奔腾的破碎冰川,想起生死交锋的那一刻,我忍不住放声痛哭。

——贝尔·格里尔斯《荒野求生》(节选)

(6)金句的使用

在日常生活中,我们会发现,有的人在与他人沟通时,往往投入了大量时间,却依旧不能说服或打动受众。而有的人却能用寥寥数语,甚至一到两句话,就引起了听众强烈的共鸣。除了能切中要害之外,这种语言的精炼、有力,并且富有启发性和高度

概括性，我们把这一类的句子称之为金句。

无论是线上还是线下，金句不仅能让受众停留并关注知识价值传播者，更能扩大其影响力，展现个人思想特质。因此，平日里对金句的收集和整理就至关重要了。

除了在文章中用笔勾画、设置便签等传统记录方式以外，也可以将自己心仪的金句收集到一起。如随时输入进手机的备忘录里，每天利用固定或零碎时间朗读、记忆都是好的方法，确保每一句话都是为了出口成章。

除了收集名人名言，你也可以自创金句。如果自创金句有难度，不妨基于某种原则，从改编别人的金句开始。例如：

表 5-2　改编金句是自创金句的第一步

原句	改编后的句子
方法不对，武功全废	方法一对，武功加倍
不努力，只能让远方变得更远	努力，才会让远方变得更近
不明白事理的人，硬想让世界适应自己	明白事理的人，试着让自己适应世界
事总与人违	事总在人为

上述表格中，改编金句基于下列三点：

把贬义词变成褒义词（或中性词）；

把负能量调整为正能量；

形成鼓励人的潜意识。

2. 内外反馈

在线上和线下的表达中，知识价值表达者需要接受来自内部（自身）和外部（他人）的反馈是至关重要的。

首先，来自自身的内部反馈能够促使知识价值表达者自我反思和成长。通过自我监控，发现语言不够流畅、举例不当或观众反应不佳等情况后，不断调整和优化。定期自我反馈并看到自己的进步，可以显著增强自信心，在未来的表达中更加从容不迫。

内部反馈可选择方向：

表达或演讲时观察并分析观众表现

与观众的互动性

表达后通过录像分析观众掌声或回应的频率及时间点

与此同时，外部反馈也要及时跟进。因为他人提供的反馈能提供不同的视角和观点，而且较内部反馈更加客观。特别是在线上，观众的反馈快速且直接，这对于适应市场需求、调整内容策略至关重要，并有助于提高竞争力。

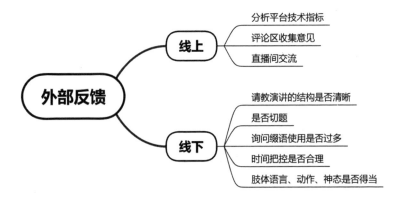

图 5-7　外部反馈渠道示意图

3. 及时修正

知识价值表达者在接受内外部反馈后，及时修正自身表达中存在的问题至关重要，这不仅有助于树立和维护自己认真负责、不断进步的专业形象，也能确保传播的知识是准确无误的。同时提高内容的可信度，还能更好地适应听众的需求和偏好，提高信息接收的效率和满意度，最终促进个人成长。

那么，如何有效地修正表达的问题呢？

（1）寻求反馈者

中国历史上对自己作品寻求反馈的，莫过于"老妪能解"的白居易了。对于现代的知识价值表达者，也应该寻求自己的反馈者。这类人群包括演讲教练等表达方面的专家，也包括演讲俱乐部、读书会等社群内的会员、培训师、语文老师、家长、朋友、各平台粉丝，设置观众调查问卷，邀请他们为自己的表达做出反馈，并形成长期机制。

（2）开放的心态

无论反馈意见是正面还是负面，评述语言是温和还是辛辣，都要以开放的心态接受。尤其是来自他人的建设性批评，要认真分析其合理性，专注于那些能真正帮助你改进的内容。

（3）反馈项目逐渐增多

初学表达，需要反馈的项目众多，如表达结构是否清楚、遣词造句是否恰当、口齿是否清晰、语速快还是慢、能否善用停顿、与视觉化辅助工具的配合是否到位、赘语词是否频繁、身势语与眼神的运用是否得体、是否合理使用道具、镜头前的表现力如何、是否超时等问题。可以列出一张表，把与其相关的反馈项写在上面，刚开始写两至三个自己最关注的项目即可，等自己应对各个项目的能力逐渐提高时再增加其他的反馈项目。如果一开始关注的项目过多，很容易分散精力，而且特别容易给自己太大的压力。

（4）一次解决一个反馈项

因为人的精力有限，当开启任务的多线程时，很难做到全面兼顾。因此，当得到的反馈较多时，先将问题整合，看看哪些问题是自己特别想提升的部分，集中优势兵力，打好歼灭战，先解决这些问题。解决了一个问题后，再着手解决下一个。这样，你在表达这条路上就会变得越来越自信。

（5）持续反馈，螺旋形上升

在后续的表达中，一旦学习到了新的表达方式，马上将其投入实践，并再次寻求反馈进行验证。这样做，能帮你快速度过表达中的平台期，保持持续反馈，持续提升。

及时修正表达问题不仅是对听众负责的表现，也是自我成长和提升表达影响力的必经之路。通过积极的态度和科学的方法，不断优化和调整，知识价值表达者可以更有效地传递知识，影响更多人。

4. 跳出舒适圈

人是趋利避害的动物，从本质上来讲，都是贪图安逸的，能够坐着绝不站着，能够躺着定不会坐着。因为躺着和坐着，一定会更舒服。而真正的成长，往往伴随着不可避免的阵痛，这份过程中的"不舒服"，其实就是通往蜕变不可或缺的试炼。我们常常沉溺于舒适圈的温柔怀抱，殊不知，正是那些令我们感到"难受"的经历，才构成了通往成功路上不可或缺的垫脚石。

假设，有一群同行业的专业人士，大家智力相近，拥有资源相同，生活环境一致，甚至运气值也一样。在这种情况下如何做到出类拔萃？答案很简单，你只需要比其他人多做一些，多走两步，多努力一点，让自己多一些"难受"和"不舒服"即可。你可以：

（1）练技巧

结构在表达中占据重要的位置。试着让自己在日常生活中多使用一些表达结构，先不要过于关注语言是否优美，先让自己的表达更有条理，这样观众或沟通方才能明白无误地接收到你的信息。

同时，我们每个人说话时都会不经意的使用大量的赘语，包括过度使用如"嗯""啊""哦""这个""那个"在内的字词，还有很多啰唆无用的话。要想自己的语言表达漂亮，先不要考虑华丽的辞藻，先将这些赘语去掉，你的表达就会流畅、清晰很多倍。

善用停顿。首先，停顿不仅有助于信息的清晰传递，使听者有足够的时间理解和消化每个部分的内容，还可以强调重点，自然而然地引导听者的注意力，突出重点。其次，停顿还能够增强语言的节奏感和表现力，使得表达更加生动、有力，更容易吸引并维持听众的兴趣。最后，恰当停顿最大的好处，是能为讲者提供思考和组织接下来言语的机会。

（2）练台风

要想在舞台上或镜头前侃侃而谈，你可以：

多采用模拟练习。在镜子前或对着家人、朋友进行多次演练，模拟真实的演讲场景。并且关注自己的肢体语言、面部表情和眼神交流。

给自己录制视频，反复观看，分析做得好的地方和需要改进之处。观察有没有抓耳挠腮、扯衣角等不必要的小动作，同时观察站姿是否得体。

练习肢体语言，思考有哪些手势表述强调，哪些动作表述特殊的含义，什么时候应该移动，怎样自然地移动来吸引听众注意等。

练习与听众建立眼神联系，练习面对全场、部分听众和个别听众时的环视（扫视）、平视和直视（注视）。

（3）练时间

练习在限定时间内明白无误地传达个人见解是一项至关重要的技能。你可以设定明确的时间限制，刚开始设定一分钟，逐渐增加到两至三分钟，四至六分钟，直至五至七分钟。通过计时练习如何精炼语言、突出重点，并适时调整语速与内容详略，确保每一秒的表达都能精准对接听众的需求与兴趣。

（4）练工具

熟练掌握 PPT 的制作。PPT 可以帮助听众整理思路，让复杂的信息简单化，方便理解和记忆。

无论是线上还是线下表达，掌握音频、视频剪辑工具都可以在故事讲述、案例分析或经验共享时，加入声音与动态画面元素，激发听众的情感共鸣，使表达内容更加丰富多元，提升信息的传播力和影响力。

（5）练为战

实践不仅是理论知识的试金石，更是自我成长与突破的催化剂。每一次登台演讲、视频录制、小组讨论以及日常交流的瞬间，都是检验与提升自我表达能力的宝贵机会。珍视每次发声，将其视为塑造个人形象、增强影响力的黄金机会。

三、网络新媒体的表达

写到这里，一定有读者提出这样的问题："我们学习了这么多表达结构，放在线上网络平台的短视频里去套用，适合吗？"

我们的回答是："不一定适合。"

原因有以下几点：

线上短视频平台有各自的规则和推荐算法，内容创作者需要考虑如何适应这些机制，例如使用热门话题标签，通过夸张的动作、话语、面部表情等设计引人注目的开场以增加曝光率，这些因素在传统线下表达中是存在的，但并不突出。

线下交流中，听众即使对讲者内容不感兴趣，甚至不赞同，即便是出于礼貌，也很少出现拍屁股当场走人的情况。而线上短视频受众的注意力容易分散，他们更喜欢新奇的内容，一旦作品不符合自己要求，立马就会划走。

线下表达的内容可以逐步深入，而短视频要求内容精炼，快速传达核心信息，以适应观众快速滑动和点击的习惯。

尽管线下表达虽也可借助视觉辅助工具，但核心仍是口头和言语交流。线上短视频则高度依赖视觉效果，如特效、动画、字幕等。

1. 网络新媒体的表达策略

那如何将我们已经学习过的传统线下表达结构更好地适应线上网络平台的表达呢？以短视频为例，你可以按下列几点来操作：

（1）一次一个点

因为短视频讲究快速传达信息，为了确保在极短时间内吸引并保持观众的注意力，一个视频就专注一个核心点或故事，力求语言表达简洁、有力。

（2）视觉化呈现

充分利用影视剧片段、图表、动画、字幕、表情符号或实拍场景来辅助说明，让你的知识内容更加直观、生动，表达场景更加立体，让人产生亲近感。这些视觉元素的综合运用能够帮助观众更快理解并记住你的信息。

（3）故事化叙述

把你的知识内容和价值包装成故事，或者用故事引入，这样不仅能增加你作品的吸引力，还能激发观众的情感共鸣。

（4）互动性增强

你可以通过预告下期内容、提问引发评论、设置挑战或互动话题等方式，鼓励观众参与，增加视频的互动性，活跃自己的账号。

（5）适应平台特性

了解并遵循各短视频平台的规则和推荐算法，比如视频长度限制、热门话题、使用平台特有的标签和功能，以提高视频的观看量和传播效果。

（6）节奏快，开篇吸引

出于跳出率和前期完播率的原因，短视频开头几秒尤为重要，需要用吸引人的画面或主题快速进入高潮，引入部分一定要避免冗长。

（7）声音与音乐的运用

音频是短视频不可忽视的一部分，选一个适合你和你作品的背景音乐或音效，可以极大提升视频作品的感染力。

（8）系列化创作

如果内容较多，可以考虑将它们组织成一系列短视频，每集聚焦一个小主题，这样既便于观众消化，又能引导他们持续关注。

（9）反馈与迭代

定期查看自己视频的各项数据反馈，比如观看量、完播率、点赞、评论、转发等，根据观众的反馈调整后续内容的创作方向和表达方式。

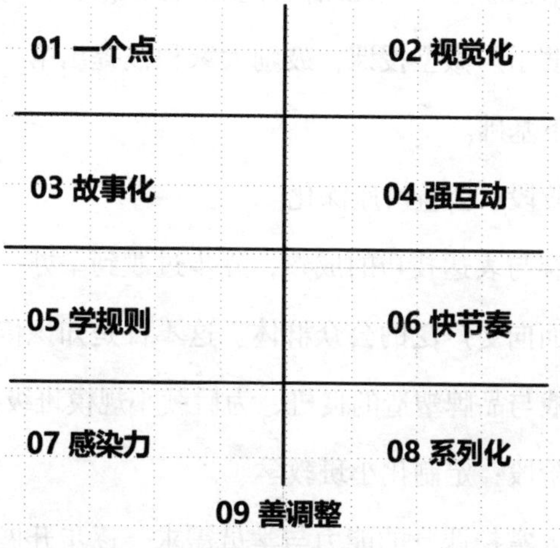

01 一个点	02 视觉化
03 故事化	04 强互动
05 学规则	06 快节奏
07 感染力	08 系列化

09 善调整

图 5-8　网络表达 9 要点

通过上述策略，你可以有效地将传统线下表达的精髓融入到线上短视频的创作中，实现内容的有效传播和受众的广泛吸引。

2. 网络新媒体的表达应用

在完成了个人知识的深度挖掘、系统性重构、创新概念的锻造、表达能力的精进，以及知识产品初步包装的里程碑之后，你就需要将这些珍贵的智慧成果逐步推向市场了。通过这一阶段获得的实际反馈进一步优化和验证自己的知识成果，具体做法是采用"线下＋线上"两线作战的模式。

（1）线下推广：循序渐进，逐步扩大影响力

①起步阶段：工作坊预热

以轻量级的四十分钟工作坊为起点，营造一个亲密无间的交流环境。邀请亲朋好友、社团伙伴及潜在合作者参与，通过互动讨论、现场演示与微型授课，鼓励大家积极提出第一手反馈，为后续迭代打下基础。

②发展阶段：公益讲座深化

随着内容与表达技巧的成熟，逐步过渡到举办一至两小时的公益讲座，面向更广泛的公众群体。这不仅是知识传播的舞台，也是自我挑战与品牌塑造的良机，为后续小规模班级授课铺路。

③扩展阶段：定制化小班教学

根据个人掌控课堂的能力与学员需求，逐步开展半天制的小班课程，初期控制在十人以内，确保每位参与者都能获得个性化指导。随着经验积累，逐步扩大班级规模与课程时长，实现"小

步快跑"，不断磨砺教学技艺与内容质量。

（2）线上推广：灵活应变，精准触达

①初步尝试：短视频试水

利用短视频平台的流量特性，前期先发布三十秒至一分钟的内容（如果信息密度足够大，且拥有独特的抓眼球功底，时间甚至可以更长），作为快速吸引关注度的敲门砖。保持视频内容的趣味性与信息密度，同时密切监控平台数据与用户反馈，为后续内容调整提供依据。

②深化发展：系列视频与微课制作

当线上粉丝群体趋于稳定并呈现增长趋势时，适时推出系列视频或精心策划的微课程，深入挖掘主题，构建系统化的学习路径。这样可以在巩固现有用户基础的同时，还能吸引更多追求深度学习的受众，实现知识传播广度与深度的双重提升。

无论是线下还是线上的推广路径，都需秉持"由小及大、逐步优化"的原则，不断在实践中学习与调整，最终使你自己的知识产品不仅能在市场上站稳脚跟，更能成为引领思考、启迪智慧的重要力量。

本章总结

　　本章深入聚焦于知识表达的艺术与科学，强调了"有产出，才是有影响"的核心理念，指出有效的表达是对个人知识体系最直接且有力的包装。我们从理论到实践，系统性地探讨了如何通过高质量的表达，提升知识的价值与影响力。

　　有表达，才是有产出，让表达成为个人知识产品的第一次包装

　　演讲者、培训师、新媒体知识价值表达者三者的区别

　　需要规避的五种表达方式

　　介绍三种表达结构

　　由创建套路、内外反馈、及时修正和跳出舒适圈所组成的刻意练习方法

　　网络新媒体运营的表达策略

　　本章不仅是一次对知识表达策略的全面梳理，更是一场关于

如何将个人知识体系转化为社会影响力的深度探讨。通过本章的学习,读者将能够更加自信且有效地将自己的思想与见解传递给世界,实现知识的价值最大化。

后记

宋代文豪苏轼有云："书海浩瀚，万物皆载，人力有时而穷，唯取心之所向。"他提醒我们，在知识的汪洋中，应怀揣特定目标，以指导求索之路。秉承这一智慧，本书的筹备历经两年，涉猎广泛，旨在为同样怀揣着明确目标的你提供指引。我们不图彰显学识，只愿真诚助力每一位读者学习书中的经验与智慧，切实掌握知识，实现财富增长。

多年的职场历练与创业探索，足迹遍及金融、航空、教育、保险、证券、餐饮、房地产、大宗产品贸易、商务咨询、传统传媒、公关活动、新媒体等多个领域，见证了行业的潮起潮落。在人生的黄金时期，我们选择将这近二十年的宝贵经验，以文字、视听等形式记录，并借助新媒体技术，传递给同样满怀激情、追求卓越的你。是那份对生活和事业的深切渴望，引领你我相遇于这字里行间。

本书系列分为两册，此卷旨在引导你发掘内在潜能与知识宝藏，通过整理、提炼，直至流畅表达。从"无所知"到"无所能"再到"有出产"，这三步看似简单，实则蕴含无穷的实践空间。我们鼓励你边读边做，充分利用书中提供的工具与模板，不断实践，让学习之旅高效而充实。

　　学习之路难免疑惑重重，为此，我们在线下组织了免费分享会、工作坊及社群活动，搭建多样化学习平台，汇聚志同道合者，携手前行。因为，在这条追求卓越的征途上，团结会让旅程更加辽阔。

　　第二卷即将完成，我们将深入探讨营销策略与产品变现之道，特别是在新媒体与互联网领域的应用，解锁多元化的被动收入来源，铺就通往财务自由的道路。书中还将分享实战案例，邀请成功人士解惑，加速知识的吸收与转化。

　　我们谨以此书，向这个梦想与现实交相辉映的时代致敬。这是一个科技日新月异，个体力量足以撼动世界的时代。也是一个属于每个追梦人，既是历史见证者，亦是未来塑造者的时代。我们心怀感激，将继续在学习与成长的道路上前行，为家庭、社会贡献更多价值，共创璀璨未来。

　　在这个充满无限可能的时代，让我们携手，以知识为舟，以创新为帆，向着更加辉煌的彼岸启航。